CHAQUE PIÈCE, 20 CENTIMES. THÉÂTRE CONTEMPORAIN ILLUSTRÉ   MICHEL LÉVY FRÈRES, ÉDITEURS,
RUE VIVIENNE, 2 BIS.

GENTIL-BERNARD

OU
L'ART D'AIMER

COMÉDIE EN CINQ ACTES, MÊLÉE DE COUPLETS

PAR

MM. DUMANOIR ET CLAIRVILLE

REPRÉSENTÉE POUR LA PREMIÈRE FOIS, A PARIS, SUR LE THÉATRE DES VARIÉTÉS, LE 16 MARS 1846.

DISTRIBUTION DE LA PIÈCE

GENTIL-BERNARD.	Mlle DÉJAZET.	UN EXEMPT.	MM. ERNEST.
SAMUEL BERNARD, riche traitant.	MM. LEPEINTRE aîné.	UN BAILLI	GEORGES.
BERNARD, recteur de l'Université de Paris	VICTOR.	LA MARQUISE DE SOMBREUSE.	Mme PAUL ERNEST.
JASPIN, procureur au Châtelet.	LEPEINTRE jeune.	MADAME JASPIN.	JOLIVET.
LATULIPE, maréchal-des-logis dans les dragons de la reine.	HOFFMANN.	MADEMOISELLE SALLÉ.	JUDITH.
JAILLOU, paysan.	PEREY.	FANCHON, grisette.	PITRON.
LAROSE, dragon.	ARTHUR.	MANON, id.	DÉSIRÉE MAYER.
LARISSOLE, id.	DESGRANGES.	TURLURE, id.	GABRIELLE.
JEAN MACLOU.	CHARIER.	BABET, id.	CHATAIGNÉ.
UN GARÇON DE CABARET.	ROCHE.	CLAUDINE, paysanne.	BRESSAN.
		CARLINE, fille de chambre de mademoiselle Sallé.	CHAVIGNY.

La scène en 1780.

ACTE I.

LA BOURGEOISE.

Une étude de procureur. — Salon à pans coupés. — Porte principale au fond. — Portes aux angles. — Porte d'intérieur, à droite, au deuxième plan. — Un bureau et des cartons, à gauche, au premier plan.

SCÈNE I.

JASPIN, MADAME JASPIN. (Jaspin est assis, couvert d'un peignoir; madame Jaspin, tenant une boîte et une houppe, lui poudre sa perruque; Jaspin tient, pour se garantir de la poudre, un de ces masques en papier, en usage sous Louis XV.)

Voyons, madame Jaspin, dépêchons-nous.. mes affaires m'appellent au Châtelet... Allons!... allons!...

MADAME JASPIN, à part.
Oh! oui, il faut qu'il parte, qu'il quitte cette étude... C'est bien assez déjà qu'une première imprudence...

JASPIN.
Eh bien! madame, à quoi pensez-vous donc?... votre époux réclame vos soins...

MADAME JASPIN.
Oui, des soins... je vous en prodigue, monsieur... je descends, pour vous complaire, à des détails presque ridicules... et vous me refusez la seule chose que je vous demande!...

JASPIN.
Encore !

MADAME JASPIN.
Oui, encore celui-là... ce sera le dernier.

JASPIN.
Non, madame, non... Après avoir chassé successivement tous mes clercs, je me tiens, je me cramponne à ce petit. Coiffez-moi. (Il tient le masque devant sa figure.)

MADAME JASPIN, enveloppant son mari d'un nuage de poudre
Mais songez-y, monsieur... ma vertu... ma sagesse...

JASPIN, *qui a ôté son masque.*
Allons, bien !... voilà que vous me jetez de la poudre aux yeux.
MADAME JASPIN.
Mes principes...
JASPIN, *essuyant son visage.*
Eh, ai-je encore ?
MADAME JASPIN.
Des principes ?... Oh ! fort peu.
JASPIN.
Non, de la poudre.
MADAME JASPIN, *s'asseyant et jetant la houppe.*
Tenez, monsieur, vous ne méritez pas d'avoir une honnête femme !
JASPIN, *riant.*
C'est cela !... je ne mérite pas d'avoir une honnête femme... parce que, moi, Jaspin, le procureur le plus achalandé du Châtelet, je ne veux pas, sans motif, sans prétexte, jeter brutalement à la porte un pauvre petit jeune homme, que m'a recommandé M. le maréchal de Coigny !...
MADAME JASPIN, *se levant tout à coup.*
Pour la dernière fois, renverrez-vous ce petit Bernard ?
JASPIN.
Pour la dernière fois, non !... Vous m'avez fait congédier mon premier clerc, parce qu'il avait de trop beaux yeux... mon second clerc, parce qu'il avait de trop belles dents... mon troisième, parce qu'il avait... je ne me rappelle plus ce qu'il avait de trop beau... mais enfin il a fallu l'immoler à vos principes... Je ne peux pourtant pas meubler mon étude de jeunes monstres.
MADAME JASPIN.
J'en voudrais, monsieur... Ayez-en... pour moi.
JASPIN, *se levant.*
Voyons, que reprochez-vous à ce petit Bernard, mon dernier clerc ?... qu'a-t-il lui ?
MADAME JASPIN.
Il a... il a dix-huit ans, monsieur !
JASPIN, *gravement.*
Madame Jaspin... au-dessous de vingt ans, les hommes n'ont pas encore d'âge.
MADAME JASPIN, *impatientée.*
Dites, monsieur, qu'au-dessus de cinquante ans, ils n'en ont plus !
JASPIN.
D'ailleurs, s'il est trop jeune, tant mieux... il ne pense pas encore à mal.
MADAME JASPIN.
En êtes-vous bien sûr ?
JASPIN, *avec dédain.*
Un petit bonhomme...
MADAME JASPIN.
Un petit bonhomme... qui vous a des yeux effrayants
JASPIN
Eh bien ! s'ils vous font peur, ils ne sont pas dangereux.
MADAME JASPIN.
Un petit bonhomme... qui est toujours là, le jour, la nuit...
JASPIN.
Bah !... le jour, il travaille ; la nuit, il dort.
MADAME JASPIN.
Est-ce en dormant qu'il parle tout haut ?... qu'il récite... je ne sais quoi ?
JASPIN.
Il récite des exploits.
MADAME JASPIN, *à part, pendant qu'il met son habit.*
Et ils se plaignent quand c'est fait !... mais je saurai échapper à ce nouveau danger... à ce second amour... je veux dès aujourd'hui, tout confier au digne homme qui éclaire ma conscience.
JASPIN, *habillé.*
Voilà ce que c'est... Un baiser, Diane, et sauvez-vous...(*Riant.*) car l'effrayant petit bonhomme va sans doute rentrer.
MADAME JASPIN.
Vous osez rire !...
JASPIN.
Je l'ai chargé d'une commission, et...
BERNARD *en dehors, chantant.*
Un soir revenait Cadet...
Eh ! tenez ! j'entends le danger qui monte les escaliers. Courez donc ! sauvez-vous !... Ha ! ha ! ha !...

SCÈNE II.

BERNARD, JASPIN, MADAME JASPIN

BERNARD *entrant sans voir personne, et allant accrocher son chapeau derrière le bureau.*
Air connu.
Un soir revenait Cadet...
Ce n'est pas sa faute...
Tenant sous le bras Babet,
La fille à notre hôte.
Un voleur saisit Cadet,
Un voleur saisit Babet...
C'est bien la faute du guet,
Ce n'est pas leur faute.

MADAME JASPIN, *à son mari.*
Vous l'entendez, monsieur ?...
JASPIN, *sévèrement.*
Qu'est-ce que c'est que ça, monsieur ?... quel est ce fredon ?...
BERNARD, *gaiement.*
Un noël, que m'a appris la fille de chambre de mademoiselle Sallé... Mais c'est le second couplet qui est piquant !... Écoutez, patron...

Un voleur rossait Cadet...
Ce n'est pas sa...

JASPIN.
Voulez-vous bien vous taire, monsieur !...
Tiens !... et depuis quand n'aimez-vous plus le noël ?... (*Jaspin lui fait remarquer sa femme.*) Ah ! j'y suis !... il n'aime plus le noël, depuis que sa femme est là... (*À madame Jaspin.*) Madame, croyez bien que, si j'avais su que vous fussiez dans l'étude... oh ! je ne me serais pas permis...
JASPIN, *à madame Jaspin.*
Vous voyez, il se repent...
BERNARD, *baissant les yeux.*
Oh ! oui, je me repens !... (*À part*) de ne lui avoir pas chanté tout le second couplet.
MADAME JASPIN, *à part.*
Comme il se repent gentiment !
JASPIN, *à part.*
Eh bien ! monsieur Bernard, votre commission ?.. Ce quartier de rentes, que je vous ai envoyé porter chez mademoiselle Sallé, de l'Opéra ?
MADAME JASPIN, *vivement.*
Eh ! quoi ! envoyer cet enfant chez une danseuse, dans un lieu de perdition !... Désormais, je ne veux pas...
JASPIN.
Qu'est-ce que cela peut te faire ?
BERNARD, *à part.*
Hum !... elle me fait faire maigre à la maison, et me défend les danseuses en ville !... Procureuse, va !
JASPIN.
Allons, j'écoute...
BERNARD.
Ah ! C'est toute une histoire !... Comme vous le voyez, je m'étais fait superbe pour aller chez cette dame... (*Montrant son habit*) un présent de M. le maréchal... J'avais l'air d'un petit gentilhomme... Bref, j'arrive avec mon sac, et je m'adresse à une friponne de soubrette... vous savez, celle au noël... (*Chantant.*)
Un voleur rossait Cadet...
JASPIN.
Continuez !
BERNARD.
En nous voyant, moi et mon sac, elle me toise, elle me regarde en souriant, et se dit à elle-même : « Tiens, ce petit voyez-vous ça !... Puis elle reprend, en étouffant un éclat de rire : Je vais prévenir mademoiselle ; attendez dans ce boudoir, petit mauvais sujet... » Dites donc, madame, pourquoi m'a-t-elle appelé petit mauvais sujet ?...
MADAME JASPIN.
Une histoire de danseuse !... l'horreur !... je n'écoute pas.
BERNARD, *à part.*
Elle n'en perd pas un mot. (*Haut.*) Enfin, me voilà dans le boudoir... où, après avoir déposé mon sac sur la cheminée, je m'amuse à regarder les tableaux... Des amours sans veste... de belles femmes sans... (*Voyant que madame Jaspin le regarde*) sans camisole... des Vénus, des Dianes, des Psychés... Ah !...
AIR : *Du Piége.*
Je m'oubliais à contempler
Une bacchante, à l'œil brillant d'ivresse,
Quand, soudain, j'entendis parler...
Du temple c'était la déesse !...

— Eh ! quoi, monsieur, vous vous extasiez ?...
— La collection est jolie,
Lui répondis-je, et vous seule pouviez,
Faire du tort à votre galerie.

JASPIN.
Très-gentil !... où diable a-t-il été chercher ça ? (*A part*) J'irai.

BERNARD.
Mais cela m'est venu tout seul, sans peine, sans effort... ce qui n'empêche pas qu'on m'ait trouvé fort gentil, fort aimable...

JASPIN, *bas à Bernard*.
Hein ?... dites donc, j'espère que vous n'avez pas été trop aimable...

BERNARD, *sans l'écouter*.
Et qu'on ne m'ait fait asseoir sur un délicieux sofa...

JASPIN, *à part*.
Ah ! la perfide !

MADAME JASPIN.
Quelle conversation !...

JASPIN, *inquiet*.
Continuez.

BERNARD.
Où en étais-je resté ?

JASPIN.
Vous en étiez resté... sur le sofa.

BERNARD.
Ah ! oui, sur le sofa... Que vous dirai-je... Ses yeux semblaient chercher les miens, j'étais ému, mon cœur battait... mais le trouble, l'émotion,... vous allez voir comme j'ai été bête !... (*Avec dépit !*) Au moment où les plus jolies choses à son adresse se disputaient le passage sur mes lèvres, je n'ai trouvé qu'une phrase, qu'une phrase stupide !...

JASPIN.
Eh bien ! cette phrase ?...

BERNARD, *ingénûment*.
« Madame, lui ai-je dit en lui montrant le sac, je vous apporte un quartier de vos rentes de la part de maître Jaspin, votre procureur. »

JASPIN, *riant aux éclats*.
Ha ! ha ! ha ! ha !

MADAME JASPIN, *riant aussi, mais moins fort*.
Ha ! ha ! ha ! ha !

BERNARD, *vivement*.
Oh ! ne riez pas !... Si vous l'aviez vue alors !... — « Levez-vous, monsieur !... mais levez-vous donc... Un petit clerc, chez moi, dans mon boudoir !... »

JASPIN, *riant*.
Ha ! ha ! ha ! ha !

BERNARD.
Et tout cela parce que je lui avais apporté un quartier de sa rente !...

AIR : *De la famille de l'apothicaire*.
Dieu ! quel désintéressement !...
Il paraîtrait que d'ordinaire,
Quand on lui porte de l'argent,
La belle se met en colère.

JASPIN.
Non, mais son humeur se conçoit :
De l'argent ! reine de la danse,
Elle en accepte, elle en reçoit...
Mais n'en donne jamais quittance.

BERNARD.
Ah ! elle n'en donne jamais quittance !... excepté aux procureurs, pourtant. (*Bas et mystérieusement à Jaspin.*) Patron ?...

JASPIN, *haut*.
Hein ?...

BERNARD, *bas*.
Chut !... (*Plus bas encore.*) J'ai un billet pour vous.

JASPIN, *vivement*.
Pour moi ?

BERNARD, *bas*.
C'est la soubrette qui m'a rappelé, et qui m'a dit : « Au procureur de la part de mademoiselle. »

JASPIN.
Donnez vite !...

MADAME JASPIN, *s'approchant*.
Que dites-vous ?

BERNARD.
Rien... rien... (*Haut et avec intention.*) Je disais que tout à l'heure, en revenant... j'avais fait la rencontre d'un... d'un dragon de la reine...

MADAME JASPIN, *à part, troublée*.
D'un dragon !

JASPIN, *à part*.
Il est pétri de finesse !

BERNARD, *s'approchant de madame Jaspin*.
Oh ! mais, un dragon... de toute beauté. (*Bas.*) J'ai une lettre pour vous !

MADAME JASPIN.
Ciel !... (*elle remonte*.)

BERNARD, *regardant le milieu du théâtre, et tirant de sa poche une lettre, dont il cherche à lire l'adresse* : « A Madame... Madame... »

JASPIN, *lui arrachant la lettre*.
Imprudent ! (*Il met la lettre dans sa poche et remonte en fredonnant.*)
Non, non, Colette n'est pas trompeuse...

BERNARD, *à part*.
Ah ! mon Dieu !... Mais ce n'est pas son billet ! (*En tirant un autre.*) Le sien !... le voici !... (*Lisant.*) « A Monsieur, monsieur...»

MADAME JASPIN, *qui est redescendue*.
Ciel ! Vous me perdez !... (*Elle lui arrache le billet, qu'elle serre.*)

BERNARD, *à part, très-troublé*.
Mais, ce n'est pas le sien à elle !... Oh ! quel amalgame de danseuse et de dragon !... Ma foi ! tant pis !... (*Il va s'asseoir au bureau.*)

JASPIN, *tirant sa montre*.
Quatre heures et demie !... Il faut absolument que je voie M. le premier président, pour le procès de M. Samuel Bernard...

BERNARD, *derrière son bureau*.
Plaît-il ?... vous avez dit ?...

JASPIN.
M. Samuel Bernard... le fils du fameux traitant qui vivait sous le feu roi... riche comme son père... puissant comme son père... Samuel comme son père...

BERNARD, *entre ses dents*.
Et bête comme son père ?

JASPIN.
Qu'est-ce à dire !...

BERNARD.
Dame !... s'il a accepté toute la succession... ça lui revenait avec le reste.

JASPIN.
Assez !... Travaillez, grossoyez, monsieur Bernard.

BERNARD, *disposant ses papiers*.
Pas Samuel !... ce nom-là porte malheur à l'intelligence.

JASPIN, *avec dédain*.
Et quel est donc le vôtre ?

BERNARD.
Joseph... (*Vivement.*) Mais j'en changerai !... j'en veux un... plus gentil.

JASPIN.
Je m'appelle bien, Barnabé, moi, et je n'en change pas !

MADAME JASPIN, *à part*.
Oh ! je ne veux pas... je ne dois pas lire...

JASPIN, *de même*.
Je me débarrasse du financier, je quitte le Châtelet, et je cours porter mon hommage à cette adorable drôlesse de Sallé, qui me résiste encore !... c'est étonnant. (*Haut.*) Sans adieu, Diane... M. le premier président doit m'attendre.

BERNARD, *de son bureau, où il écrit, bas à Jaspin*.
Bah ! vous avez le temps... il ne danse que dans le ballet, M. le premier président.

JASPIN, *toussant très-fort*.
Hum ! hum ! hum !

AIR : *Du naufrage de la Méduse*.
Auprès du président,
Il faut que je coure à l'instant,
Procureur éloquent,
Solliciter pour mon client.

ENSEMBLE.
JASPIN.
Auprès du président, etc.

MADAME JASPIN.
Auprès du président,
Monsieur, rendez-vous à l'instant,
Et soyez éloquent
En plaidant pour votre client.

BERNARD, *à part*.
Quand, le soir, il se rend
Auprès d'un joli président,
Il doit être éloquent :
Car c'est lui-même qu'il défend.

(*Jaspin sort par la porte à gauche.*)

SCÈNE III.

BERNARD, MADAME JASPIN.

BERNARD, *assis à son bureau, et se croyant seul*.
Va ! je le connais, ton président... il n'est pas à mortier... il est à paniers... (*Il pouffe de rire, tout en travaillant.*)

MADAME JASPIN, à part.
Il est enfin parti !... Et ce billet !... ce billet de... Oh ! dans le double péril qui me menace, j'ai plus que jamais besoin de secours... (En hésitant.) Monsieur... monsieur Bernard ?...
BERNARD, qui ne l'entend pas, chantant à pleine voix.
Un voleur rossait Cadet...
MADAME JASPIN, plus haut.
Monsieur Bernard ?...
BERNARD.
Ah ! pardon !... je me croyais seul.
MADAME JASPIN.
Voulez-vous me rendre un service ?...
BERNARD, se levant, avec empressement.
Si je veux !... tous les services possibles !
MADAME JASPIN.
Veuillez aller à deux pas d'ici... à la maison du n° 2... Vous demanderez M. Bernard.
BERNARD, très-étonné.
Encore un !... trois Bernard !...
MADAME JASPIN, baissant les yeux.
C'est l'homme vénérable qui éclaire et guide ma conscience.
BERNARD.
Un révérend père ?...
MADAME JASPIN.
Non... M. Bernard est recteur de l'université de Paris... un vieil ami de ma famille... Vous lui direz que je le supplie de venir au plus tôt, que je réclame avec instance ses avis, ses conseils... (A part.) Allons parcourir ce fatal billet... (Au moment de sortir.) A l'instant, je vous en prie ! (Elle sort à droite.)

SCÈNE IV.
BERNARD, seul.

Tiens ! tiens ! tiens !... comme elle est troublée, agitée, ma procureuse !... Est-ce que ce billet,.. ce dragon !... (Partant tout à coup d'un grand éclat de rire.) Ha ! ha ! ha ! ha ! ha !... pauvre patron !... pourvu que le troisième Bernard arrive à temps !... (Gravement.) Allons vite chercher le troisième Bernard... (Il va pour prendre son chapeau et s'arrête par réflexion.) M'éloigner !... quand je suis seul !... quand je pourrais relire ce cachette... Oh ! ma foi, une vertu en danger, ça ne presse pas. (Il ouvre un miroir, en tire un papier, et lit :) « Et ce fesant, ferez justice... » (Le jetant.) La requête au président !... Pouah !... (Il prend un autre papier, qu'il ouvre lentement, en s'asseyant sur le bureau.) « Et ce fesant, ferez justice !... » Quel langage ! quel jargon !... quel martyre pour un poëte !... (Baissant la voix.) Car je le serai !... Je le suis déjà... en secret... cachant mes vers, comme une femme cache ses amants... Mon doux poëme !... l'Art d'aimer !... quel joli titre !... quel sujet plein de charme !... (Avec élan.) Oh ! je veux faire oublier Ovide !... je veux mettre là toute mon âme, tout mon cœur !... (Quittant le bureau.) Ah ! bien, oui, mon cœur... Il ne sait rien... Je suis comme le prétendu voyageur qui décrit un beau pays où il n'est jamais allé... Ce n'est certes pas au collège des jésuites de Lyon, qui m'ont élevé, que je pouvais étudier l'art d'aimer... Ces gens-là n'y entendent rien... (S'animant.) Oh ! non !... Un poëme comme celui-là... il faudrait l'écrire sur les genoux d'une femme !... Et encore, une femme, une seule, ce n'est pas assez... L'art d'aimer peut-il être le même, chez la grande dame et chez la paysanne ?... chez la fille d'Opéra et chez la grisette ?... Voilà où j'en suis.

AIR : Je sais attacher des rubans.
J'ai deviné bien des secrets,
Mais il en reste que j'ignore...
O toi, pour qui seul j'écrirais,
Viens, ange inconnu, que j'adore !
Oui, je sens au fond de mon cœur
Qu'il me faudrait le patronage
D'un joli collaborateur,
Afin d'achever mon ouvrage ..
Il me faudrait un collaborateur,
Afin d'achever mon ouvrage.

SCÈNE V.
BERNARD, CLAUDINE.

CLAUDINE, entr'ouvrant la porte du fond.
Peut-on entrer ?

BERNARD, vivement.
Claudine !... la petite laitière de Noisy-le-Sec !... Mais certainement qu'on peut entrer !

CLAUDINE, déposant ses sabots à la porte.
Monsieur, je vous apporte votre sou de lait pour votre déjeuner.

BERNARD, riant.
Mon déjeuner, à cinq heures du soir ?

CLAUDINE.
Ah ! j'vas vous dire !... C'est que c'est demain fête au village, et j'en quitterons pas de toute la journée. (Elle va poser sa boîte de lait sur le bureau.)

BERNARD, à part.
Hein !... si j'essayais ?... Ce n'est qu'une paysanne... mais elle est femme !... mais elle est charmante !... (Allant la prendre par la main et lui tendant le manuscrit. Haut.) Tiens, Claudine... Voyons, que dis-tu de ça ?

CLAUDINE, prenant le manuscrit.
Dame ! monsieur... j'dis que le cahier est fort... et que ma tante, qui est marchande de tabac cheux nous, ferait joliment des cornets avec tout ce papier-là.

BERNARD, lui arrachant le manuscrit.
Des cornets, avec l'Art d'Aimer !...

CLAUDINE.
Ah !... c'est l'art d'aimer, ce gros cahier-là ?... Tiens ! cheux nous, ça s'apprend tout seul... A Noisy-le-Sec, on aime sans art.

BERNARD.
On n'y entend rien, à Noisy-le-Sec !

CLAUDINE.
AIR : De sommeiller encor, ma chère.
Au villag' faut pas tant d' mystère :
Aussitôt qu'un garçon nous plaît,
On va droit chez monsieur l' notaire;
Et crac, voilà qu'est tout d' suit' fait.
On n'a p'têt' pas vot' beau langage,
Vos jolis mots et vos grands sentiments...
Mais, après douze ans d' mariage,
On n'a jamais moins d' douze enfants !

BERNARD, à part.
Douze ! toute une couvée !... Comme c'est poétique !... (Haut, avec mépris.) C'est égal, lis toujours... future mère de famille.

CLAUDINE, repoussant le cahier.
Est-ce que je sais lire ?

BERNARD.
Allons ! bon ! mon premier collaborateur qui ne sait pas lire !... c'est fait pour moi.

CLAUDINE, qui a repris sa boîte.
Monsieur ! il faut que je m'en aille... (S'arrêtant.) Ce n'est pas pour vous humilier, mais vous me devez douze sous de lait...

BERNARD.
Eh ! bien ?... est-ce que je ne t'ai pas embrassée onze fois ?

CLAUDINE, riant aux éclats.
Vous êtes encore bon enfant !... comme si je pouvais rapporter vos baisers à ma tante !

BERNARD.
Ah ! je vois ce que c'est... tu veux ton sou... (Allant à elle.) Tu ne l'attendras pas longtemps...

CLAUDINE, se défendant.
Monsieur, laissez-moi !...

BERNARD.
Non, tu seras payée.

CLAUDINE.
Je ne veux pas de votre argent !...

BERNARD.
Et moi, je veux faire honneur à mes affaires.

AIR : De Madame Favart.
Allo 1, ne sois pas inhumaine,
Et s. iffre ici que, sans procès,
Par n baiser je solde la douzain
Des déjeuners que je devais.
(Il l'embrasse sur une joue, puis sur l'autre.)

CLAUDINE, pendant qu'il l'embrasse.
Finissez donc !... encore ! il recommence !...
C' nouveau baiser, pourquoi donc me l' donner ?...
C'est une horreur !...

BERNARD.
Eh ! non, c'est une avance
Sur mon treizième déjeuner.
Ce baiser-là c'est une avance
Sur mon treizième déjeuner.
(Pendant qu'il la lutine, la porte à droite s'ouvre tout à coup, et madame Jaspin paraît.)

MADAME JASPIN.
Ah !

BERNARD.
Dieu !... la patronne !

MADAME JASPIN, avec colère, à Claudine.
Sortez, mademoiselle !

CLAUDINE, allant à madame Jaspin.
Pardon, c'est que monsieur m'a donné...

MADAME JASPIN.
Sortez, vous dis-je !

CLAUDINE.
Monsieur Bernard, ce n'est pas ma faute... (Reprenant ses sa-

bots.) Par exemple, voilà la première fois que j'aurai quelque chose à quelqu'un. (*Elle sort.*)

SCÈNE VI.
BERNARD, MADAME JASPIN.

Embrasser une laitière !... presqu'en ma présence !... Mais vous n'avez donc aucune pudeur ?...
BERNARD, *timidement.*
J'ai des yeux, madame.
MADAME JASPIN.
On les baisse, monsieur.
BERNARD, *la regardant.*
Oh ! madame, il y a des circonstances où l'on aurait trop à perdre.
MADAME JASPIN, *à part.*
Je crois qu'il m'a regardée !... (*Haut.*) Ah ! fi !... aller sur les brisées d'un manant !
BERNARD, *à part.*
Elle aimerait peut-être mieux que j'allasse sur les brisées d'un procureur...
MADAME JASPIN.
Et ma commission, monsieur ?
BERNARD, *vivement.*
Ah ! mon Dieu !... je l'avais oubliée !...
MADAME JASPIN.
A merveille.
BERNARD.
Mais je cours, je cours à l'instant même.
MADAME JASPIN.
Allez... et tâchez de ramener le digne homme
BERNARD, *à part, au fond.*
Oh ! bien sûr, il se passe des événements dans ce cœur-là... Mais je le saurai, ce secret-là me revient, c'est nécessaire à mes études... (*La menaçant du doigt, par derrière.*) Oui, oui, procureuse, ma mie, je te ferai entrer dans mon poème... et j'ai idée que j'y fourrerai ton mari avec toi ! (*Elle se retourne, il sort.*)

SCÈNE VII.
MADAME JASPIN, *seule.*

Ah ! j'étouffe de dépit !... Ce petit Bernard, qui ne voit rien, qui ne s'aperçoit de rien !... et mon mari !... me tromper, me trahir, pour une fille d'Opéra !... pour la Sallé !... (*Lisant la suscription du billet qu'elle tient à la main.*) « A M. Jaspin... » C'est bien à lui... et ce rendez-vous pour ce soir !... Oh ! je suis furieuse !

SCÈNE VIII.
MADAME JASPIN, JASPIN.

JASPIN, *venant de la gauche, entrant très-agité, et s'arrêtant au milieu du théâtre.*
La voilà, la perfide !...
MADAME JASPIN, *à part.*
C'est lui, le monstre !
JASPIN, *haut, se contraignant.*
Vous êtes seule, madame ?
MADAME JASPIN.
Vous voici de retour, monsieur ?
JASPIN.
Oui, madame. (*A part.*) Oh ! cette lettre maudite !...
MADAME JASPIN, *à part.*
Contenons-nous, jusqu'à l'arrivée de M. le recteur. (*Elle s'assied.*)
JASPIN, *lisant à part une lettre qu'il tenait en entrant.*
« Cruelle !... vous voulez donc mon trépas ?... » Cruelle !... Ce n'est pas à moi qu'on écrit : cruelle ! (*Continuant sa lecture.*) « Eh quoi ! huit jours sans vous voir à la promenade, au Cours-« la-Reine !... Je n'y résiste plus... Ce soir, je prendrai le cos-« tume de votre vieux conseiller, le recteur, et je me présenterai « chez vous, entre chien et loup..., Consentez à m'entendre, ou « craignez tout de mon désespoir... Latulipe. » — Latulipe ?... qui est-ce qui peut porter le nom de cette fleur ?
MADAME JASPIN, *à part.*
Comme il paraît agité !... le remords, sans doute.
JASPIN, *à part.*
Et ce petit scélérat de Bernard, qui s'était chargé... (*Haut.*) Eh bien ! où donc est-il ?
MADAME JASPIN.
Qui cherchez-vous ?
JASPIN.
M. Bernard.
MADAME JASPIN.

Je viens de l'envoyer en commission.
JASPIN.
Ah !
MADAME JASPIN.
Ici près... chez monsieur le recteur...
JASPIN, *vivement.*
Le recteur !... (*A part.*) C'est cela !... Mais quel est ce sieur Latulipe ?... Il me faudrait, par quelque moyen extrêmement ingénieux...
MADAME JASPIN, *à part.*
A quoi pense-t-il donc ?
JASPIN, *à part et vivement.*
Oh !... quelle rouerie !... Le jour baisse... la nuit sera complète avant dix minutes... (*Réfléchissant.*) Diable ! l'idée est aussi hardie qu'ingénieuse... N'importe ! (*Il prend son chapeau et va pour sortir.*)
MADAME JASPIN.
Vous sortez, monsieur ?
JASPIN.
Oui, madame.
MADAME JASPIN.
Et cette fois, serez-vous longtemps ?
JASPIN.
Très-longtemps.
MADAME JASPIN, *à part.*
Il va chez cette fille !... oh ! c'est infâme !
JASPIN, *à part.*
Elle attend le faux recteur !... oh ! c'est hideux !

ENSEMBLE.
AIR : *Final du Code des Femmes.*
Je saurai, j'espère,
Quel est ce mystère :
Mais dans mon cœur
Cachons ma fureur !
Je saurai, j'espère,
Quel est ce mystère...
Malheur ! malheur
A son séducteur !

(*Il sort. — Pendant cet ensemble, la nuit est venue graduellemen*

SCÈNE IX.
MADAME JASPIN, *seule.*

Et l'on épouse un homme hors d'âge, pour être sûre de sa fidélité !... Oh ! c'est une leçon... Si j'ai la douleur de perdre mon mari, j'en prendrai un autre très-jeune !... voilà ce qu'il y gagnera !... Mais il fait tout à fait nuit, et ce bon M. Bernard ne peut tarder... Allumons des flambeaux... (*On frappe à la porte. — S'arrêtant.*) Qui est là ?
BERNARD, *en dehors, d'une voix cassée.*
Bernard, le recteur.
MADAME JASPIN.
C'est lui !... (*Elle va ouvrir.*)

SCÈNE X.
MADAME JASPIN, BERNARD, *coiffé du grand chapeau et revêtu de la grande robe du recteur. La nuit est complète*

MADAME JASPIN.
Entrez, entrez, mon bon M. Bernard... Ah ! jamais vos conseils ne m'auront été si nécessaires !...
BERNARD, *d'une voix cassée.*
Mon enfant, calmez-vous... (*A part.*) Tiens ! c'est gentil, je l'appelle mon enfant. (*Elle avance des sièges et il s'assied.*)
MADAME JASPIN.
Mais cette obscurité... Je vais...
BERNARD, *vivement.*
Non, non ! (*A part.*) Je tiens infiniment à l'obscurité. (*Haut.*) Parlez, je vous écoute.
MADAME JASPIN, *debout et s'appuyant sur une chaise.* — D'*une voix émue et faible.*
Eh bien !... quand j'eus à me reprocher une première faiblesse... quand ce militaire, que je rencontrais tous les jours au Cours-la-Reine, vint me parler... d'amour... vous fûtes mon premier, mon seul confident...
BERNARD, *à part.*
Le seul, le seul !... nous voilà déjà deux.
MADAME JASPIN.
Et, lorsque vous m'avez ordonné, au nom de mes devoirs, de ne jamais revoir ce jeune homme... je vous ai obéi... Depuis huit jours, je n'ai pas quitté cette maison, de peur de le rencontrer. (*Baissant les yeux.*) Mais, pendant ce temps...

BERNARD.
Pendant ce temps?...
MADAME JASPIN.
Dieu m'est témoin que j'ai tout fait pour résister !... (Avec confusion.) Mais je suis bien près de l'aimer...
BERNARD.
Le militaire?
MADAME JASPIN.
Non... plus lui... (Vivement.) Ah ! je suis bien coupable, n'est-ce pas ?...
BERNARD.
Ça dépend, mon enfant, ça dépend... Sans doute, quelque grand drôle, quelque grand vaurien...
MADAME JASPIN.
Hélas ! il est tout petit.
BERNARD.
Ah ! il est tout petit ?... ce n'est pas une excuse... mais, enfin, un petit jeune homme... Quelque jeune seigneur ?...
MADAME JASPIN.
Non... il est pauvre.
BERNARD.
Ah ! il est pauvre ?... ce n'est pas encore une excuse... mais, enfin, c'est un amour sans orgueil... Et, dites-moi, son état, sa profession?...
MADAME JASPIN.
Petit clerc chez mon mari.
BERNARD, à part, bondissant sur sa chaise.
C'était moi !
MADAME JASPIN.
Qu'avez-vous donc ?...
BERNARD, se remettant.
Rien, rien, mon enfant...
MADAME JASPIN.
Votre goutte, peut-être ?
BERNARD.
Juste... ma goutte... Mais, continuez donc... Ce second amour...
MADAME JASPIN.
Oh ! je m'en suis déjà punie...
BERNARD, avec douceur.
Est-ce qu'il faut se punir comme ça ?
MADAME JASPIN.
J'ai voulu le faire renvoyer.
BERNARD.
Renvoyer ?
MADAME JASPIN.
Ai-je mal fait ?...
BERNARD.
Oui, mon enfant... (Gravement.) Il ne faut jamais renvoyer les pauvres.
MADAME JASPIN.
Mais cette passion, que je couve au fond de mon cœur...
BERNARD, avec indulgence.
Il n'y a pas de mal à ça...
MADAME JASPIN.
Mais c'eût été trahir mes devoirs, tromper mon mari...
BERNARD.
Il n'y a pas de mal à ça.
MADAME JASPIN, étonnée.
Comment ! pas de mal ?...
BERNARD, se levant.
Hélas ! mon enfant, avant de vous expliquer le sens de mes paroles... dites-moi... comment cet amour vous est-il venu !
MADAME JASPIN.
Comment ?...

Air : De la Bergère châtelaine.

Quand nous étions à la veillée,
Sans qu'il s'en doutât, Dieu merci !
J'admirais sa mine éveillée
Et son sourire si joli.
Alors mon trouble était extrême...
BERNARD, à part.
Ah ! voilà donc une femme qui m'aime !...
Cette leçon va me former :
Elle m'enseigne l'art d'aimer.
Une femme qui sait charmer,
Nous apprend vite l'art d'aimer.

2ᵉ COUPLET.

MADAME JASPIN.
J'ai, pour combattre cette flamme,
Et vos conseils et ma raison ;
Mais il est gentil... je suis femme...
Et s'il restait dans la maison,
Mon mari, maigre son mérite,
Serait... peut-être... par la suite...
BERNARD, d'une voix sévère.
Ce qu'il serait doit m'alarmer !...

(A part, entre ses dents.)
Je le mettrai dans l'Art d'aimer.
(Haut, et s'oubliant.)
Mon cœur ne saurait vous blâmer,
Rien ne peut défendre d'aimer !
MADAME JASPIN, de plus en plus étonnée.
Qu'osez-vous dire ?... (On frappe à la porte du fond.)
BERNARD.
On a frappé !
MADAME JASPIN.
Ah ! mon Dieu !... (En hésitant.) Qui est là ?...
UNE VOIX.
Bernard, le recteur.
MADAME JASPIN.
Le recteur !...
BERNARD.
Ciel !
MADAME JASPIN, épouvantée.
Mais alors, qui donc êtes-vous, monsieur?
Le plus heureux des hommes !... Ne me trahissez pas !
Monsieur Bernard !... je suis perdue !
BERNARD, bas.
Chez !... je me tiendrai dans l'ombre... Il ne me verra pas !
MADAME JASPIN.
is tout lui dire...
BERNARD, la retenant.
MADAME JASPIN, ouvrant.
mon cher recteur...

SCÈNE XI.

BERNARD, MADAME JASPIN, LATULIPE, vêtu exactement comme Bernard.

LATULIPE, fermant la porte avec précaution.
Vous êtes seule, mon enfant?
BERNARD, haut et d'une voix douce.
Seule... tout à fait seule... (Arrêtant madame Jaspin, prête à parler.) Au nom de votre mari, silence !...
LATULIPE, gaiement.
Vrai ?... Alors, je puis me démasquer, me décoiffer et me dévoiler !... (Il lance son chapeau en l'air.)
MADAME JASPIN, jetant un cri.
Ah !... qui donc est là ?
LATULIPE.
Latulipe !
BERNARD.
Latulipe !... et de deux !...
LATULIPE, furieux.
Un homme !... un homme ici !... Mille millions de... (On frappe de nouveau à la porte à gauche.)
BERNARD.
Chut !... On a refrappé !
MADAME JASPIN.
Je meurs d'effroi !... la voix me manque !...
BERNARD.
Je vais vous prêter la mienne... (S'approchant de la porte et d'une voix de femme.) Qui est là ?...
UNE VOIX, en dehors.
Bernard, le recteur.
LATULIPE.
Le vrai Bernard !...
BERNARD, courant de son côté et cherchant à se cacher derrière Latulipe.
Cachons-nous, Latulipe, cachons-nous !
MADAME JASPIN.
Oh ! c'est inutile !... vous pouvez rester, messieurs... Grâce au ciel, celui-ci n'est point un imposteur... (Elle ouvre la porte à gauche.)

SCÈNE XII.

JASPIN, MADAME JASPIN, LATULIPE, BERNARD.

MADAME JASPIN, vivement.
Entrez, entrez, et venez à mon secours !...
JASPIN, vêtu comme Bernard et Latulipe, à part.
Je crois ce moyen suffisamment ingénieux.
MADAME JASPIN, à son mari.
Deux hommes sont ici !...
JASPIN.
Deux !

Deux hommes que j'aimais !...
JASPIN, *avec explosion*.
Corbleu !
BERNARD.
Ah bah !... le recteur qui jure !
MADAME JASPIN, *reculant*.
Ciel !... qui donc est là ?...
JASPIN.
Votre mari, madame !
LATULIPE.
Le procureur !...
BERNARD.
Le patron !
MADAME JASPIN.
Ah ! (*Elle chancelle. — On frappe à la porte du fond.*)
JASPIN, *brusquement*.
Qui est là ?
UNE VOIX.
Bernard, le recteur.

SCÈNE XIII.

MADAME JASPIN, LE RECTEUR, JASPIN, LATULIPE, BERNARD.

TOUS.
Encore un !
LE PÈRE BERNARD, *s'arrêtant à la porte*.
Que vois-je ?
JASPIN, *courant au père Bernard et le saisissant par le bras*.
Venez !...
LE PÈRE BERNARD.
Qu'y a-t-il ?...
JASPIN, *criant et hors de lui*.
Un, deux, trois, quatre recteurs !... un mari !... deux amants !... Voilà ce qu'il y a, entendez-vous !... et qui êtes-vous, vous ?...
LE PÈRE BERNARD.
Bernard, le recteur.
JASPIN.
Et vous ?
LATULIPE.
Latulipe, maréchal-des-logis.
JASPIN.
Et vous ?
BERNARD.
Bernard, petit clerc.
JASPIN.
Mon clerc !
BERNARD, *fièrement*.
Oh ! mais, non plus Bernard le novice, le sot !... mais Bernard le poëte !... l'auteur de *l'Art d'aimer* !... qui vient de prendre sa première leçon !
JASPIN, *étourdi*.
Qu'est-ce qu'il dit ?... quel art d'aimer ?... quelle leçon ?... (*Criant.*) Je te chasse, misérable !
BERNARD, *avec exaltation*.
Eh bien ! tant mieux !... votre étude m'ennuyait... vos dîners étaient détestables... je ne regrette rien !... Ah ! si, je regrette votre femme... Mais l'avenir est à moi !... Voyez-vous ce manuscrit ?... C'est mon poëme, c'est *l'Art d'aimer* !... et ce bel art, il me faut toute une existence de plaisirs pour le comprendre, tout un monde de femmes pour l'étudier !... (*Jetant les papiers à la volée.*) Au diable les procès, les assignations, les contraintes par corps !... à moi, tous les secrets amoureux, tous les cœurs, toutes les femmes !... Chant premier !... La femme du procureur ! (*Il s'élance vers la porte, en brandissant son manuscrit. Le père Bernard s'est assis en se couvrant le visage de ses mains ; et Latulipe, riant aux éclats, se laisse tomber sur une chaise, pendant que Jaspin frappe dans les mains de madame Jaspin évanouie.*)

ACTE II.

LES GRISETTES.

Aux Porcherons. — Un jardin. — A gauche est une tonnelle, dont la largeur occupe à peu près le tiers du théâtre, et sous laquelle se trouve une longue table. — A droite, au premier plan, une petite table.

SCÈNE I.

LATULIPE, LAROSE, LARISSOLE, FANCHON, TURLURE, BABET, DRAGONS, GRISETTES. (*Tous attablés et buvant sous la tonnelle.*)

CHOEUR.
AIR : *Vive, vive la mèr' Camus.*
Vivent, vivent les Porcherons,
Pour bien rire et pour bien boire !
Fou Grégoire,
Roi des lurons,
Est le patron des Porcherons !
LATULIPE.
Chantons le vin, chantons l'amour,
Chantons des refrains de guinguettes,
Et faisons sauter tour à tour
Et les bouchons et les fillettes.
(*Il embrasse Fanchon.*)
FANCHON.
(*Parlé.*) Finissez donc, Latulipe !...
(*Reprise du chœur.*)
Vivent, vivent les Porcherons, etc.
LATULIPE, *avec transport*.
A la bonne heure ! me voilà dans mon élément !... sous les frais ombrages des Porcherons !... dans une atmosphère de friture !... entouré de Fanchon, Suzon, Margoton et Dondon !... la fleur des tendrons !... Au diable les bourgeoises et les procureuses !
LARISSOLE, *déposant son verre*.
Comment ! Latulipe, tu aurais enivré d'amour des procureuses ?
LATULIPE.
Trente-sept.
FANCHON, *le pinçant*.
Par exemple !
LATULIPE, *s'expliquant*.
Dans les temps... lorsque j'avais seize ans et demi... Ha ! ha ! ha !... quand je pense à la façon dont j'ai abdiqué la trente-septième !... Ha ! ha ! ha !... j'en ai ri toute la nuit dernière.
TURLURE.
Et pourquoi l'avez-vous abdiquée, c'te pauvre femme ?
LATULIPE, *gravement*.
Parce qu'elle était trop petitement logée, pour toute la société qu'elle recevait à la fois.
TOUS.
Ah bah !
LATULIPE, *se levant*.
Mais il n'est si bonne société qui ne se quitte... Sur ce, un dernier verre, et bonsoir la compagnie.
LARISSOLE.
Tu nous quittes ?
FANCHON, *le suivant*.
Où allez-vous donc, s'il vous plaît ?... Chez vos procureuses ?...
(*Tous se lèvent.*)
LATULIPE.
Affaire de service... Le dragon Brind'amour a disparu depuis avant-hier, et le bruit court qu'il a été enlevé par une duchesse-pairesse.
TOUS.
C'est-y possible ?
LATULIPE.
La grande dame recrute beaucoup le dragon... Le service n'est point désagréable... mais ça ne fait pas le compte du maréchal de Coigny, qui s'apprête à brosser messieurs les Impériaux... Si bien, que le colonel m'a donné l'ordre de racoler un individu admirablement construit, à la seule fin de ne pas déparer le régiment.
LARISSOLE.
Et, comme nous pouvons partir d'un moment à l'autre...
TOUTES.
Partir !...
FANCHON.
Ah ! mon Dieu ! c'est donc vrai ?
LATULIPE.
L'histoire de manger un peu de choucroute chez messieurs les Allemands, un peu de macaroni chez messieurs les Italiens... et de leur faire faire connaissance avec François. (*Il montre son sabre.*)
MANON, *en dehors*.
Hi ! hi ! hi ! hi !
TOUS.
Qu'est que c'est que ça ?
BABET, *remontant*.
Tiens ! c'est la petite Manon !
LARISSOLE.
Manon, la ci-devant à Brind'amour ?
FANCHON.
Ah ! mon Dieu ! mais ce n'est pas une femme... c'est une fontaine ! (*Tout le monde va au-devant de Manon, qui entre.*)

SCÈNE II.

LES MÊMES, MANON.

MANON, *pleurant.*

Hi! hi! hi! hi!

LARISSOLE.

Jeune bachelette... serait-il susceptible aux enfants de Mars...

MANON.

Les enfants de Mars... c'est des gueux!

LATULIPE.

Jouvencelle, l'expression est impropre.

FANCHON.

Qu'est-ce que t'as donc, ma pauvre Manon?...

MANON.

Ce que j'ai?... demande-moi plutôt ce que j'avais...

FANCHON.

Alors, qu'est-ce que t'avais donc?

MANON.

AIR CONNU.

Dans les gardes françaises
J'avais un amoureux,
Qui m' croyant des plus niaises,
Me trompa... c'est affreux!

LATULIPE.

Ne soyez point en peine :
Pour punir c't amoureux,
Dans les dragons d' la reine
Il faut en prendre deux!

TOUS.

Dans les dragons d' la reine
Il faut en prendre deux!

MANON.

Au fait, c'est une idée!... et quand ce ne serait que par vengeance!...

LARISSOLE, *s'approchant.*

Présent, la vengeance!... il n'y a qu'à dire.

LATULIPE.

Allons, puisque dans sa passion Brind'amour est déjà remplacé, il ne s'agit plus que de lui trouver un remplaçant sous les armes, et je m'en charge... Mais, auparavant, un deuxième dernier verre, pour renfoncer les pleurs.

TOUS, *rentrant sous le bosquet.*

Vivat! (*Reprenant le chant.*)

Dans les dragons d'la reine
Il faut en prendre deux!

SCÈNE III.

LES MÊMES, BERNARD, *dans le jardin,* **LES SOLDATS ET LES GRISETTES,** *sous la tonnelle.*

BERNARD, *des tablettes à la main, et composant.*

Pour être aimé, feignez l'indifférence ·
Plus on fera...,

LARISSOLE, *se levant.*

A la belle Manon!

BERNARD, *à part.*

Qu'entends-je?

LATULIPE.

Aux fiançailles de Larissole!

BERNARD.

Des fiançailles?... (*Il s'approche de la tonnelle et y regarde en écartant le feuillage.*)

TOUS.

Vivat!

BERNARD, *à part.*

Oh! les jolies grisettes!...

LATULIPE.

AIR : *Elle aime à rire, elle aime à boire.*

Mes amis, nous avons la guerre,
Et le régiment part demain...
Allons, Fanchon, mon verre est plein,
Il faut aussi remplir ton verre.
Répétons ce refrain si doux,
Qui de Fanchon fera la gloire :
Elle aime à rire, elle aime à boire,
Elle aime à chanter comme nous!

TOUS.

Elle aime à rire, etc.

BERNARD.

Cette gaieté... ces chansons...Où suis-je donc?... (*Le tambourin se fait entendre.*)

FANCHON.

Chut!... Entendez-vous le tambourin?

BERNARD, *regardant au fond.*

Ah!... je suis aux Porcherons.

FANCHON, *se levant.*

A la danse, mesdemoiselles!...

TOUS, *de même.*

A la danse!... (*Bernard disparaît un instant derrière la tonnelle, pendant que les dragons et les grisettes en sortent.*)

TOUS, *hors Latulipe.*

AIR : *Au refrain du tambourin.*

C'est le bruit du tambourin!
Là bas la danse
Commence!
Le crin-crin,
Le tambourin,
Mettent les danseurs en train.

LATULIPE.

C'est le bruit du tambourin!
Là-bas la danse commence.
Sans moi mettez-vous en train,
Je pars et reviens soudain (*bis*).

A l'étranger, comme ici,
Nous aurons de grandes fêtes;
En attendant l'ennemi,
Faites sauter les grisettes.

TOUS, *sortant.*

C'est le bruit du tambourin,
Là-bas la danse
Commence!
Le crin crin,
Le tambourin,
Mettent les danseurs en train.

(*Tous les soldats et les grisettes s'éloignent à droite. Latulipe se sépare de Fanchon et sort à gauche.*)

SCÈNE IV.

BERNARD, *seul, regardant autour de lui.*

Les Porcherons!... Voyez où l'on va, sans regarder devant soi, quand on a la tête pleine... et l'estomac vide!... Car, depuis ma sortie de chez le procureur, où je dînais mal, je ne dîne pas du tout... et la poésie, ça creuse... (*Avec abandon.*) Mais je suis libre!... le monde est à moi!... Ah!... il me semble que je respire mieux dans ce jardin, où l'on chante, où l'on boit, où l'on aime!... sous ces arbres!... dans ces bosquets, où il s'est passé tant de choses!... Oh! les jardins!... les fleurs!... l'amour!... les femmes!... Les femmes!... ce mystère charmant... cette adorable énigme, dont je cherche le mot, pour le redire dans mes vers!... (*Cherchant.*) Ah! diable! qu'est-ce que j'ai donc fait de ma dernière inspiration?... (*Retrouvant ses tablettes.*) Voici...

« Pour être aimé, feignez l'indifférence;
« Plus on fera naître en vous d'espérance,
« Et plus il faut modérer vos transports :
« Les sentiments blessés sont les plus forts.
« Espérez tout d'un dépit salutaire;
« Pour être aimé, ne cherchez point à plaire. »

Est-ce bien juste?... (*On entend rire à la cantonnade.*) Quel est ce bruit?... (*Il remonte.*) Ah! c'est la danse qui est terminée... Et là-bas, ces jeunes filles... de me trompe pas!... elles viennent de ce côté!... Des grisettes... ça aime aussi... à leur façon... qu'il doit être fort agréable d'étudier... Eh! mais, si j'éprouvais avec elles mon système d'indifférence?... Diable!... c'est plus facile à mettre en vers qu'en action... O bons pères jésuites de Lyon, venez à mon aide!... (*Il se retire sous la tonnelle, mais reste sur le devant.*)

SCÈNE V.

BERNARD, *sous la tonnelle,* **BABET, FANCHON, MANON, TURLURE.** *Elles entrent en riant.*

FANCHON, *riant.*

Ha! ha! ha! ha! Est-elle drôle, cette Manon!

TURLURE.

Elle danse, et elle pleure en même temps!...

FANCHON.

On pleure d'abord, et on danse après... voilà comme ça se pratique dans les grandes douleurs.

MANON.

Ah! oui, mais quand un sentiment est profond...

FANCHON.

Je ne connais de profond... que la scélératesse des hommes.

BERNARD, *à part.*

Ah! ah!... il paraît que cette petite-là a approfondi la question.

TURLURE

Elle a raison... c'est un tas de scélérats bien audacieux !...
MANON.
Oh! pour audacieux !... je certifie.
TURLURE.
Ils désirent tout ce qu'ils voient...
FANCHON.
Ils demandent tout ce qu'ils désirent...
MANON.
Et ils prennent tout ce qu'ils demandent.
TOUTES.
Voilà !
BERNARD, à part.
Bravo !... le moment est bon.
MANON, remontant avec les autres.
Eh bien !... Tenez! v'là, par exemple, Brind'amour..
BERNARD, sortant de la tonnelle, les mains dans les goussets, le nez en l'air, et fredonnant d'un air d'indifférence.
Tra la la la lère... (Les grisettes se retournent tout à coup.)
MANON.
Tiens !...
TURLURE.
Tiens ! tiens !
FANCHON.
D'où sort-il, ce petit-là? (Elles se rapprochent.)
BERNARD, circulant au milieu d'elles.
Tra la la la lère... (Se trouvant en face de Fanchon et faisant un détour.) Pardon, mademoiselle... Tra la la lère, tra la la la la...
MANON, bas.
Il ne voit donc pas clair?...
FANCHON, bas.
Attends, attends!... (Se plaçant devant Bernard et montrant la tonnelle.) Est-ce que vous étiez là... jeune homme?
BERNARD, d'un air distrait.
Là?... oui, jeune fille... (Reprenant sa promenade et sa chanson.) Tra la la lère...
FANCHON, à part.
Aime-t-il cet air-là, donc ! (Remontant et se plaçant encore en face de Bernard****.) Est-ce que vous vous êtes permis d'entendre ce que nous disions... jeune homme?
BERNARD, négligemment.
Ce que vous... Ah ! oui, oui... que tous les hommes étaient des audacieux...
MANON.
Et je le soutiendrai jusqu'au trépas !
BERNARD.
C'est que vous serez mal tombées... (Sans la regarder.) Car j'en connais... des hommes... qui ne voient jamais rien... qui ne désirent rien... qui ne demandent rien... et surtout qui ne prennent rien.
FANCHON, vivement.
Où ça?...
BERNARD, reprenant sa promenade.
Tra la la la lère...
FANCHON.
On vous demande où ça?... dans quel pays?... Si ça n'était pas trop loin, on pourrait faire le voyage...
BERNARD
Je puis vous jurer, cependant...
MANON, se rapprochant, et d'une voix douce.
Laissez donc, laissez donc, petit hypocrite... Quand une femme vous regarde... là... dans le blanc des yeux...
BERNARD.
Eh bien?
FANCHON, de même.
Ou encore, quand, à la danse, elle vous serre la main...
TURLURE.
Hein!... je suis sûre que vous éprouvez,...
BERNARD, froidement.
Rien du tout.
TOUTES.
Rien du tout !
BERNARD.
Absolument rien.
MANON, se penchant vers lui et s'appuyant sur son bras, d'un ton câlin.
Comment! si je m'appuyais sur votre bras... comme ça?... hein?...
BERNARD, à part, frissonnant.
Brrr!... (Haut et d'un ton indifférent.) Après?...
FANCHON, de l'autre côté, même mouvement.
Si moi, de mon côté... je vous regardais comme ça... du coin de l'œil?... hein?...
BERNARD, à part.
Aïe! aïe! aïe!... (Haut.) Ensuite?...

BABET, se penchant sur son épaule gauche.
Qu'est-ce que vous diriez, petit mauvais sujet?...
TURLURE, posant sa tête sur l'autre épaule.
Ça ne vous ferait pas plaisir?..,
BERNARD, regardant de tous côtés et balbutiant
Moi?... mais... je... (A part, n'y tenant plus.) O bons pères jésuites de Lyon!...
MANON.
AIR : De Fleurette.
Je veux bien vous croire sincère,
Vous supposer très-bon sujet...
Mais souvent l'amour nous fait faire,
A point nommé tout le contraire
De ce que la vertu voudrait.
Si j'étais préférable à celle
Dont je vous suppose amoureux,
Et si, pour l'emporter sur elle,
Je vous souriais?...
(Elle sourit en s'appuyant sur le bras de Bernard.)
BERNARD, à part.
Qu'elle est belle!
TOUTES, parlé.
Eh bien?...
BERNARD, d'un air pudibond.
J'aurais soin de baisser les yeux.
TOUTES, parlé.
Ah! par exemple !
BERNARD.
J'aurais soin de baisser les yeux.
MANON, s'éloignant.
Petit imbécile !
FANCHON.
MÊME AIR.
Il a raison... car un sourire,
En amour, qu'est-ce que cela?
Franchement, ça ne veut rien dire :
Il faut, pour qu'un amant soupire,
D'autres faveurs que celle-là.
(Toutes se rapprochent.)
BERNARD, à part.
Mon Dieu, donnez-moi du courage !
FANCHON.
Pour vous offrir, petit vaurien,
Un baiser... deux... ou davantage...
Si je présentais mon visage?...
(Elle tend la joue. — Parlé.) Eh bien?...
BERNARD.
J'aurais soin d'éloigner le mien.
TOUTES, parlé.
Ah ! c'est trop fort !...
BERNARD.
J'aurais soin d'éloigner le mien.
(Elles s'éloignent de lui avec dépit.)
BERNARD, à part.
J'espère que ça ne va pas s'arrêter là... (Recommençant sa promenade et sa chanson.) Tra la la la...

SCÈNE VI.
LES MÊMES, LATULIPE

LATULIPE, entrant et s'arrêtant au fond.
Au diable les badauds de Paris !...
BERNARD, à part.
Au diable l'importun !
TOUTES, courant au-devant de Latulipe, qu'elles entourent.
Monsieur Latulipe !...
FANCHON.
Ah! à la bonne heure !... en v'là un!
BERNARD, à part.
Eh bien ! elles me laissent là !... et elles l'entourent !...
LATULIPE, au milieu des grisettes.
Sont-ils bêtes, ces petits Parisiens !... on leur offre de quitter leur famille, leur pot-au-feu et leur maîtresse, pour aller se faire tuer un petit peu... ils ne saisissent pas les avantages de la proposition !... Je n'ai pas pu raccoler un chat.
FANCHON.
Oh! quelle idée !... (Bas à Latulipe.) Vous les faut-il un peu bêtas, vos raccolés?
LATULIPE.
L'intelligence nous est inférieure.
FANCHON, bas montrant Bernard.
Alors, v'là votre affaire.
LATULIPE.
Vraiment?... ce petit-là... celui-là... que voilà... qui est là?...

FANCHON, *à Bernard, ironiquement.*
AIR : *De la Péri.*
Adieu donc, bel amoureux !
Vous êtes trop dangereux,
Et, pour nos sensibles cœurs,
Nous redoutons vos rigueurs.
Vous, que nos faibles appas
Ne charment pas,
De ce pas,
Nous vous faisons nos adieux,
Bel amoureux,
Langoureux.
ENSEMBLE.
(*Toutes, l'entourant et lui faisant de grandes révérences.*)
Adieu donc, bel amoureux !... etc.

LATULIPE, *à part.*
Trouver mon homme en ces lieux,
Ah ! ce serait trop heureux !...
Moi, le roi des racoleurs,
Prenons mes airs séducteurs.
Que le métier des soldats
Lui paraisse plein d'appas,
Et présentons à ses yeux
Mille tableaux gracieux.

Elles sortent à droite, en courant et en riant aux éclats. — Latulipe s'arrête au fond et suit des yeux Bernard.)

SCÈNE VII.

LATULIPE, BERNARD, UN GARÇON.

BERNARD, *furieux.*
Allons ! mes vers n'avaient pas le sens commun !... Mais je prendrai ma revanche !... et d'abord... (*Allant s'asseoir à droite et frappant sur la petite table*) je ne quitte pas cette guinguette !
LE GARÇON, *accourant.*
Voilà... Que faut-il servir à monsieur?
BERNARD, *à part.*
Ah ! diable !... je n'avais pas prévu cet incident-là... Demandons quelque chose qu'il n'ait pas. (*Haut, avec assurance.*) Avez-vous un faisan aux truffes, flanqué d'ortolans?
LE GARÇON, *sortant.*
Oui, monsieur.
BERNARD, *stupéfait.*
Ah !... (*Vivement.*) Eh bien ! je vous défends de me le servir !... je déteste les faisans aux truffes, flanqués d'ortolans!
LATULIPE, *qui écoutait, à part.*
Il n'a pas un sou vaillant... bon !
LE GARÇON.
Alors, qu'est-ce qu'il faut apporter à monsieur?...
LATULIPE, *s'approchant de la table où se trouve Bernard.*
Une bouteille et deux verres !
LE GARÇON.
A l'instant.
BERNARD, *à part, en se levant.*
Comment ! il m'invite?... (*Haut.*) J'allais vous l'offrir, monsieur. (*Ils s'assoient*
(*Le garçon rentre avec une bouteille et des verres.*)
LATULIPE, *versant à boire.*
Monsieur vient souvent aux Porcherons?
BERNARD.
Non, monsieur, c'est la première fois.
LATULIPE.
Je comprends... des occupations, des affaires...
BERNARD.
Précisément... j'étais fort occupé... mais j'ai perdu mon emploi...
LATULIPE, *à part.*
A merveille !... (*Haut.*) A votre santé !
BERNARD.
A la vôtre !... (*Après avoir bu.*) Eh ! mais ! chez le procureur on en buvait de plus méchant.
LATULIPE.
Le procureur?... vous étiez chez un de ces oiseaux-là?...
BERNARD.
Premier clerc chez maître Jaspin.
LATULIPE, *vivement, en déposant son verre.*
Hein ?... vous avez dit?...
BERNARD.
Maître Jaspin.
LATULIPE, *de même.*
Un vieux?... très-vilain?...
BERNARD.
C'est juste celui-là !
LATULIPE.

Attendez donc !... Jeune homme !... orientez votre visage de mon côté !...
BERNARD, *le regardant.*
Ah ! bah !... est-ce que...
LATULIPE.
Et vous?...
BERNARD, *le reconnaissant.*
C'est Latulipe !
LATULIPE.
Le petit clerc !...
TOUS DEUX, *partant d'un éclat de rire et se renversant sur leurs chaises.*
Ha ! ha! ha !
LATULIPE.
Touchez là... confrère !
BERNARD.
Avec plaisir... mon associé !
LATULIPE.
Dites plutôt camarade !...

AIR : *Amis, voici la riante semaine.*
Nous nous somm's vus sur le champ de bataille,
Sous l' mêm' drapeau nous avons combattu.
C'était un jour où d'estoc et de taille,
Il s'agissait d'attaquer un' vertu.
BERNARD.
De ce jour-là j'ai gardé la mémoire :
Combat charmant, auquel j'ai survécu !...
LATULIPE, *gaiement.*
Où la beauté r'présentait la victoire.
BERNARD, *à demi-voix.*
Où le mari r'présentait le vaincu !
LATULIPE, *avec entraînement.*
Eh bien ! mais... puisque nous avons déjà servi ensemble... si nous continuions?...
BERNARD.
Comment?...
LATULIPE.
Tenez ! justement !... est-il heureux, ce petit coquin-là !... il manque un homme au régiment !...
BERNARD, *étonné.*
Plaît-il?...
LATULIPE.
Ah ! dame !... la place est recherchée, disputée... nous avons en ce moment quatre cent soixante-trois demandes !... mais je vous donne la préférence.
BERNARD, *se levant, et avec effusion.*
Ah ! mon cher Latulipe !... une faveur si inespérée, si inattendue !...
LATULIPE, *vivement.*
Vous acceptez !...
BERNARD, *se rasseyant.*
Je refuse avec douleur.
LATULIPE.
Ah ! diable !
BERNARD.
Oh ! ce n'est pas là ce que je veux... ce que je rêve !...
LATULIPE.
Comment ! malheureux !... quand il se présente une de ces occasions qu'on trouve si rarement !... mais songez donc...
BERNARD.
Aux avantages de votre profession?... Oh ! je les apprécie... je me suis promené hier sur l'Esplanade des Invalides... et je me suis fait une idée de ce qui pourrait me revenir.
LATULIPE, *se levant.*
Allons donc !... ces accidents-là n'arrivent plus... Regardez-moi... complet... Aussi, on est adoré de toutes les femmes.
BERNARD, *vivement.*
Ah !... les femmes !...
LATULIPE, *à part.*
J'ai bien touché !...
BERNARD, *qui s'est levé*
En effet... oui... un galant uniforme !...
LATULIPE.
Ça se fournit.
BERNARD.
Des épaulettes !...
LATULIPE.
Ça se gagne.
BERNARD.
Des moustaches !...
LATULIPE.
Ça pousse... et alors, les duchesses, les marquises, les danseuses...
BERNARD.
Des danseuses?...
LATULIPE.

Du Grrrrrand-Opéra... Tenez!... moi qui vous interpelle...
BERNARD.
Eh bien?...
LATULIPE, *confidentiellement.*
La petite Sallé... rien que ça.
BERNARD.
Celle qui ne donne pas quittance?...
LATULIPE.
Le fait est qu'elle ne m'a pas signé de reçu... Une aventure de carrosse... je vous conterai ça, avec mes historiettes de garnison.
BERNARD, *vivement intéressé.*
Contez, contez, Latulipe!
LATULIPE.
Et les étrangères!... les Allemandes!... les Italiennes!...
BERNARD.
Vous avez connu des Italiennes?
LATULIPE.
Et des Andalouses... c'est-à-dire que l'Andalouse était d'un commun! Vous prenez une Andalouse, deux Andalouses, trois Andalouses... Vous en auriez pris quatre, on ne vous aurait rien dit.
BERNARD.
Oh! mais c'est très-gentil, cela!
LATULIPE.
Et M. le maréchal de Coigny est très-coulant sur cet article-là.
BERNARD, *vivement.*
C'est M. de Coigny qui vous commande?... Mon protecteur... mon... (*Avec élan.*) C'est dit, je m'engage!
LATULIPE.
Vivat!
BERNARD.
Vite! conduisez-moi chez le colonel
LATULIPE, *tirant un engagement de sa poche.*
Présent, le colonel!
BERNARD.
Comment?...
LATULIPE.
Je suis chargé de ses pouvoirs... (*Posant l'engagement sur la table.*) Parafe, petit *.
BERNARD.
Ah! c'était un raccolage... ! Eh bien ! je ne m'en dédis pas !
LATULIPE, *pendant qu'il signe.*
C'est ça !... je vais te présenter au colonel, et tu reviendras faire tes premières armes aux Porcherons!
BERNARD, *qui a signé.*
Soldat du roi !... quelle belle occasion d'étudier l'art d'aimer en allemand, en italien, en espagnol!... dans toutes les langues possibles.
LATULIPE, *mettant l'engagement dans sa poche.*
L'art d'aimer!... connu !

Air : *Du trompette de Marengo.*

> Au régiment,
> Soldat galant,
> Tambour battant,
> ataplan ! rataplan ! (*bis*)
> Marche en avant !
> Si tu veux plaire,
> En militaire,
> Fais la guerre :
> Si tu veux plaire,
> Fais la guerre,
> Et combats toujours vaillamment,
> Soit en soldat, soit en amant !
> Tambour battant,
> Rataplan !
> Ferme à ton rang,
> Rataplan ! rataplan !
> Marche en avant,
> Rataplan ! rataplan !
> Et constamment,
> Rataplan ! rataplan !
> Mène gaiement,
> Rataplan ! rataplan !
> Le sentiment,
> Rataplan ! rataplan !
> Tambour battant,
> Plan ! plan ! plan ! plan !

BERNARD.
Comment attaquer une belle,
Pour triompher de sa vertu?
LATULIPE.
Comme on attaque un' citadelle.
BERNARD.
Une citadelle, dis-tu?
LATULIPE.
Ne faut-il pas toujours une bataille,
Pour culbuter et remparts et tendrons
BERNARD.
Or, si je vois deux yeux fripons,
Un petit pied, un' fine taille...
ENSEMBLE.
Tambour battant,
Soldat galant,
Tambour battant,
Rataplan ! rataplan ! (*bis*)
Marche en avant,
Si tu veux plaire,
En militaire,
Fais la guerre ;
Si tu veux plaire,
Fais la guerre,
Et combats toujours vaillamment,
Soit en soldat, soit en amant !
Tambour battant,
Rataplan !
Ferme à ton rang,
Rataplan ! rataplan !
Marche en avant,
Rataplan ! rataplan !
Et constamment,
Rataplan ! rataplan !
Mène gaiement,
Rataplan ! rataplan !
Le sentiment,
Rataplan ! rataplan !
Tambour battant,
Plan ! plan ! plan ! plan !

2e COUPLET.

BERNARD.
Quand je serai près d'une amante,
Plus de soupirs, plus de frayeur !...
(*Prenant un air crâne*.)
Corbleu! mamzell', vous ét's charmante!
Je vous aim', ma parol' d'honneur !
LATULIPE.
Très-bien ! c'est ça !...
BERNARD.
Vainement on t'implore :
Mon cœur brûle d'un feu nouveau !
Alors, je t'embrasse...
LATULIPE.
Bravo !
BERNARD.
Et sa vertu, qui résistait encore,
Tambour battant,
Fuit ou se rend,
Tambour battant.
ENSEMBLE.
Rataplan ! rataplan !
Marche en avant !
Si tu veux plaire,
En militaire ;
Fais la guerre :
Si tu veux plaire,
Fais la guerre,
Et combats toujours vaillamment,
Soit en soldat, soit en amant,
Etc., etc.

(*Ils sortent en chantant la reprise de l'air et en marquant le pas, l'un en face de l'autre. Ils disparaissent à gauche.*)

SCÈNE VIII.

LAROSE, LARISSOLE, FANCHON, MANON, BABET, TURLURE, SOLDATS, GRISETTES, UN VIOLON, UN TAMBOURIN.

CHŒUR.

> Au refrain
> Du tambourin,
> Que la danse
> Recommence !
> Le crin-crin,
> Le tambourin,
> Mettent les danseurs en train.

FANCHON.
Certainement, nous aurons plus de place ici.
BABET.
On étouffait là-bas.
TURLURE.
Mais où va-t-on placer l'orchestre?
LAROSE.
Sur la table !
LE VIOLON.
C'est dit !
FANCHON.
Tiens ! M. Latulipe n'est plus là !... est-ce qu'il aurait enrôlé 'e petit bêta?

TURLURE.
Et qu'est-ce que nous allons danser?
LARISSOLE.
Le menuet.
MANON.
Ah! toujours le menuet!... c'est monotone.
FANCHON.
Je propose... une monaco!
LAROSE.
Va pour la monaco!
LARISSOLE.
En place!
TOUS.
En place!

Air connu.

A la Monaco,
L'on chasse,
L'on déchasse!
la Monaco,
L'on chasse
Comme il faut!

FANCHON, *en dansant.*

Plus d'une danse
A celle-là
Succédera
Dans notre belle France,
Mais aucun pas
N'offrira tant d'appas :
Tout passera,
Et l'on en reviendra...

TOUS.

A la Monaco, etc.

MANON, *de même.*

Chacun profite
Du bien vacant ;
Un amant prend
Ce qu'un autre amant quitte.
Chacun son tour,
A la ville, à la cour :
On n'a qu'un jour,
Et surtout en amour.

TOUS.

A la Monaco, etc.

(*Un roulement de tambour se fait entendre.*)

LES SOLDATS.

Hein?... qu'est-ce que c'est que ça?

SCÈNE IX.

LES MÊMES, LATULIPE.

LATULIPE, *au fond.*
C'est le signal du départ.
TOUS.
Du départ !
LATULIPE, *s'avançant.*
Dans vingt minutes un second roulement doit nous trouver sous les armes.
LES GRISETTES
Déjà!
LATULIPE.
Mais soyez tranquilles... nous reviendrons... nous reviendrons plus embrasés que jamais!...
FANCHON, *pleurant.*
Oui, si vous en revenez!
LATULIPE.
Fanchon, ce doute est injurieux.

Air connu.

Malgré la bataille
Qu'on livre demain,
Malgré la mitraille
Qui menace en vain,
Dans huit jours peut-être,
Ton amant, vengé,
Reviendra sans être
Même endommagé.

FANCHON.
Et pendant ces huit jours qui me consolera?
LATULIPE, *attendri.*

2º COUPLET.

Tiens! voilà ma pipe,
Serre mon briquet ;
Et, si Latulipe
Fait le noir trajet,
Va, crois-moi, dissipe
Des regrets fâcheux :
Son briquet, sa pipe

T' rappell'ront ses feux.

LES GRISETTES, *pleurant.*
Hi! hi! hi!
LARISSOLE.
Excusez!... plus que ça de déluge!
LATULIPE.
Les grandes eaux de Versailles aux Porcherons!... ça ne s'était jamais vu!
LES GRISETTES.
Hi! hi! hi! hi!...
LATULIPE.
Ah çà... on ne fait donc que larmoyer, dans ce joyeux séjour!... Allons les couples, opérons délicatement la séparation!
BABET.
Ça me traverse le cœur!
FANCHON.
J'en aurai une jaunisse, c'est sûr! (*Toutes pleurent.*)
LATULIPE.
Silence dans les rangs!... et séchons nos prunelles!
MANON.
Un homme qui dansait si bien la monaco!
LATULIPE.
La monaco!

AIR : *de la Monaco.*

Demain peut-être,
Demain matin,
Le fer en main,
L'ennemi va paraître...
Mais aussitôt,
Le brossant comme il faut,
Le régiment
Lui montrera comment
A la Monaco
L'on chassa,
A la Monaco
L'on chasse,
Comme il faut.

LES SOLDATS.
A la Monaco, etc.

(*Les soldats, se séparant de leurs maîtresses, se rejoignent au milieu, forment deux rangs et sortent en dansant, laissant les grisettes indignées.*)

SCÈNE X.

BABET, MANON, FANCHON, TURLURE.

MANON.
Ah! les pendards!... (*Pleurant.*) C'était bien la peine de me sécher!... v'là qu'il faut que je me retrempe!
FANCHON.
Mon pauvre Latulipe!... un amant de choix!...
MANON.
Envoyer à la guerre les plus beaux hommes de la nation!... quand il y a tant de bossus!
TURLURE.
Je suis sûre qu'ils nous reviendront dans des états !....
FANCHON.
Ils ne seront pas présentables... (*Sanglotant.*) Hi! hi! hi!... Pauvre Latulipe!... Je vois bien qu'il faudra que j'accepte les hommages de ce petit commis aux gabelles qui a fait un héritage!... Hi! hi! hi!
BERNARD, *en dehors, à pleine voix*
Passe au large! je suis soldat du roi!
FANCHON, *remontant.*
Ah! mon Dieu! qu'est-ce que c'est que ça? ..
BABET, *regardant.*
Tiens! c'est un soldat!
TURLURE.
Ah! le drôle de petit soldat!
FANCHON.
Eh! mais! je ne me trompe pas...
TOUTES.
Quoi donc?
FANCHON, *redescendant.*
C'est le petit glacé de ce matin!
TOUTES.
Vraiment?
BERNARD, *en dehors.*
Corbleu! morbleu! ventrebleu! (*Effrayées, elles se sauvent sous la tonnelle, d'où elles cherchent à voir Bernard.*)

SCÈNE XI.

LES MÊMES, *sous la tonnelle*, BERNARD, *en dragon*.

BERNARD.

Air : *Vive le vin, l'amour et le tabac.*

Corbleu! me voilà militaire!
Et demain nous avons la guerre,
　　Par la sambleu!
Triple millions de citadelles!
Demain je pourrai dire aux belles :
　　J'ai vu le feu!
Qu'une beauté près de moi se hasarde,
Je vous la traite à la housarde!...
Vive la guerre et vivent les amours!
A triompher toujours, toujours,　}
Je passerai mes jours!　　　　　} (*bis*).
　　Toujours, (*bis*.)
Je redirai toujours,
Vive la guerre et vivent les amours!

2º COUPLET.

FANCHON, *regardant à travers le feuillage.*
Mais il n'est plus reconnaissable!

TURLURE.
C'est un luron!...

MANON.
Un petit diable!

BERNARD.
Qu'ai-je entendu?
(*Désignant la tonnelle.*)
Là, que de beautés je soupçonne!

FANCHON.
Quel changement dans sa personne!

TOUTES.
Tout est perdu!
Car il nous voit!...

MANON.
Ah! la frayeur me gagne!

BERNARD.
C'est l'instant d'entrer en campagne!
(*Pendant qu'elles le guettent sur le devant, il pénètre par le fonds sous la tonnelle, pousse un cri qui les met en fuite, et il les poursuit dans le jardin.*)
Vive la guerre et vivent les amours!

LES GRISETTES.
Ciel! au secours!

BERNARD, *étendant les bras pour les empêcher de passer.*
　Toujours, toujours
　Vous serez mes amours!

TOUTES.
Monsieur l' soldat, respectez les amours!
(*Elles fuient pour lui échapper; mais Bernard saisit au passage Manon et Fanchon.*)

MANON, *se dégageant.*
Monsieur, finissez!... Qu'est-ce que c'est donc que ces manières-là?...

BERNARD.
Ce sont les bonnes!... ventrebleu! (*Criant.*) Holà! garçon!

FANCHON.
Oh! le petit mauvais sujet!

BERNARD, *frappant sur la grande table.*
Eh bien! ce garçon viendra-t-il, sacrebleu?

BABET.
Comme il jure!

LE GARÇON, *entrant.*
Voilà! voilà!

BERNARD.
Tiens! maroufle, voilà le prix de mon enrôlement.... (*Il lui jette une bourse.*) Tout ce qu'il y a de meilleur dans ta cave, et cinquante faisans aux truffes, flanqués de trois cents ortolans!... je les adore!

LE GARÇON, *effrayé.*
Trois cents!

BERNARD.
Rien de trop bon, rien de trop cher pour régaler ces demoiselles!

TOUTES.
Nous!

BERNARD.
Oui, vous!... sacreventrebleu!

FANCHON.
Mais c'est qu'il invite très-bien!

BERNARD, *avec entraînement.*
Tenez, mesdemoiselles!... on m'a dit qu'avec les femmes il fallait être audacieux, mauvais sujet. Moi, je ne sais pas m'y prendre! mais quand je suis là, près de vous... il me semble que le cœur me bat de la tête aux pieds!... Je ne sais pas m'y prendre!... Mais quand je sens une petite main si douce... (*Il prend la main de Manon*) c'est plus fort que moi... ma bouche s'approche, s'approche, s'approche... (*Il baise la main qu'il tenait et reprend vivement.*) Je ne sais pas m'y prendre!... Mais le moyen de conserver sa raison... (*S'approchant de Turlure et l'entourant de ses bras.*) à la vue de cette taille fine, ronde, qu'on entoure, qu'on presse peu à peu... (*Vivement.*) Je ne sais pas m'y prendre!...

FANCHON.
C'est qu'il s'y prend très-bien!

BERNARD, *allant à Fanchon*.
Et ce minois provocant! ces bonnes grosses joues!... si douces, si fraîches, si veloutées!... (*Il embrasse Fanchon à plusieurs reprises.*)

FANCHON.
Voulez-vous finir!...

BERNARD.
Je ne sais pas m'y prendre!...

FANCHON.
Mais c'est qu'il embrasse très-bien!...

LE GARÇON.
Militaire, vous êtes servi.

BERNARD.
A table!

TOUTES.
A table!

FANCHON, *avec pruderie.*
Du tout!... nous n'acceptons pas, nous ne pouvons pas accepter.

BERNARD.
Un refus!...

Air : *Elle aime à rire, elle aime à boire.*
Ventrebleu! je ne puis y croire!
Ce matin, en parlant de vous
Des soldats disaient : Avec nous,
Elle aime à rire, elle aime à boire!
Je me suis fait soldat du roi,
Je veux aussi dire à ma gloire :
Elle aime à rire, elle aime à boire,
Elle aime à chanter comme moi!

LES GRISETTES, *entraînées.*
Il aime à rire, il aime à boire,
Il aime à chanter comme moi!
(*Toutes les grisettes suivent Bernard sous la tonnelle.*)

SCÈNE XII.

LES MÊMES, LATULIPE.

LATULIPE, *dans le jardin.*
Où diable a donc passé notre nouvelle recrue.

FANCHON, *sous la tonnelle, agacée par Bernard.*
Il est charmant!

BERNARD.
A la santé de mon professeur en l'art de plaire!

LATULIPE.
Hein?... il m'a semblé...

FANCHON.
Ah! vous avez pris un professeur?...

BERNARD.
Même air.
C'est ton amant, c'est Latulipe
Qui tantôt m'a donné leçon.

LATULIPE, *parlé.*
Qu'entends-je?...

FANCHON.
Latulipe!...

BERNARD.
Permets, Fanchon,
Qu'auprès de toi je m'émancipe!

LATULIPE, *parlé.*
Oh! le petit scorpion!

BERNARD.
Mes progrès dépendent de toi;
A mon professeur je veux dire:
Elle aime à boire, elle aime à rire,
Elle aime à chanter comme moi!

LATULIPE, *parlé.*
Corne du diable!...

LES GRISETTES.
Il aime à boire, il aime à rire,
Il aime à chanter comme moi!

LATULIPE, *à part.*
Nous allons voir s'il aime à rire,
S'il aime à chanter comme moi!

BERNARD, *se penchant pour embrasser Fanchon.*
O Fanchon, Fanchonnette, je n'y tiens plus !... défends-toi !...
(*Fanchon fuit, il la poursuit.*)
LATULIPE, *s'interposant.*
Ne nous échauffons pas... ça fait mal aux yeux.
LES GRISETTES.
Latulipe !
BERNARD.
Tiens ! c'est mon professeur !... A la santé de mon professeur !
Les grisettes rient.)
LATULIPE.
Oui, jeune homme, votre professeur... qui voudrait avoir celui
de vous donner-z-encore une petite leçon.
BERNARD, *l'imitant.*
Une leçon !... Comment donc ! vous les donnez trop bonnes,
pour qu'on ne s'empresse point-z-encore de les accepter.
LATULIPE.
Ah ! tu me gouailles !... (*Tirant son sabre.*) Il m'a gouaillé !...
(*Un roulement de tambour se fait entendre. Les grisettes re-
montent.*)

FINAL.
Air *de M. Eugène Déjazet.*
C'est le tambour !... dépêchons-nous !
BERNARD, *mettant le sabre à la main.*
Malgré votre superbe taille,
Le sabre en main, je suis grand comme vous !
Demain, sur le champ de bataille,
Vous manquerez au rendez-vous !
ENSEMBLE.
Demain, sur le champ de bataille,
Vous manquerez au rendez-vous.
FANCHON et MANON, *s'élançant entre eux.*
Que faites-vous ?... quelle imprudence !...
Vous battre, malgré la défense !...
Et le régiment qui s'avance !...
Écoutez le tambour ! (*bis.*)
(*Marche militaire.*)
LATULIPE.
Elle a raison ; chaque chose à son tour.
Demain, nous entrons en campagne, } *Bis.*
Nous reprendrons la partie au retour. }
ENSEMBLE.
Demain nous entrons en campagne, etc.
BERNARD.
J'y consens ! (*A Fanchon.*) A bientôt, ma charmante compagne !
A bientôt, à bientôt, mes amours !
LATULIPE, *se plaçant entre eux.*
C'est adieu que vous devez lui dire,
C'est adieu pour toujours !
BERNARD.
Pour toujours ?
LATULIPE.
Pour toujours !
BERNARD.
Vraiment, vous voulez rire !...
« Ni jamais, ni toujours,
N'est la devise des amours. »

SCÈNE XIII.
LES MÊMES, TOUS LES SOLDATS ET TOUTES LES
GRISETTES.
LES SOLDATS.
Partons, partons, quittons ces lieux :
La gloire nous appelle !
Soldat, soldat, fais tes adieux,
Et prends congé de ta belle !
ENSEMBLE.
LES GRISETTES.
Que nos peines cruelles
Touchent vos tendres cœurs :
Et revenez fidèles,
En revenant vainqueurs !
LES SOLDATS.
Oui, vos peines cruelles
Touchent nos tendres cœurs ;
Nous reviendrons fidèles,
En revenant vainqueurs !
BERNARD et LATULIPE.
Vive le vin, la guerre et les amours !
A triompher toujours, toujours,
Je passerai mes jours !
(*Les soldats se séparent des grisettes qui pleurent, et on les voit
défiler au fond.*)

ACTE III.
LA GRANDE DAME.

Un riche salon, chez Samuel Bernard. — Porte au fond ; portes latérales
au troisième plan. — Fenêtre à droite au deuxième plan. — A gauche,
au premier plan, un meuble de Boule, sur lequel se trouve un coffret.
— Devant ce meuble, une petite table couverte d'un tapis de velours.
— A droite, au premier plan, un bureau élevé, incliné en forme de pu-
pitre.

SCÈNE I.

BERNARD, *seul, debout devant le bureau, sur lequel se trouvent un
gros livre de caisse et une feuille détachée, qu'il parcourt alter-
nativement.*

6 et 8 font 14, et 5 font 19, et 4 font 23...
Oui, je t'adore, et j'ose t'en instruire :
Mes yeux l'ont dit, mes vers te le diront...
pose 3, je retiens 2...
Et près de toi, mes feux le prouveront,
Si près de toi l'amour peut me conduire !...
Et je retiens... Qu'est-ce que j'ai retenu ?... est-ce 2 ou 3 ?... je
n'ai pas retenu ce que j'ai retenu... Bah ! mettons 5... Ces four-
nisseurs, plus on retient, plus ils sont contents... (*Écrivant et ap-
puyant sa plume.*) Trois !... (*Avec dépit.*) Et je me plaignais de
copier des protêts et des assignations chez maître Jaspin !... Me
voilà chez un fournisseur des armées royales, additionnant des
bœufs, des chevaux et des mulets !... Il y a de quoi devenir...
bête... (*Avec rage.*) Et je pose 3 !... Continuons... 2 et 9 11,
et 5...
Parle à ton tour, dis-moi ce que tu sens :
Crains-tu si fort ce dieu qui nous enflamme ?
Touche ton cœur, interroge les sens,
Ils te diront...
SAMUEL BERNARD, *en dehors.*
Monsieur Bernard !
BERNARD, *effrayé.*
Ciel !... M. Samuel Bernard !... S'il trouvait mon épître à la
marquise !... Vite ! vite ! dans ma cachette ordinaire !... (*Il court
serrer la feuille volante dans le petit coffret placé à gauche, et
revient précipitamment à sa place. Samuel Bernard n'a cessé
d'appeler pendant ce mouvement.*)

SCÈNE II.
SAMUEL BERNARD, BERNARD.

SAMUEL, *venant de la droite.*
Monsieur Ber... Ah ! le voici.
BERNARD, *lui faisant signe de la main de ne pas l'interrompre.*
Total, 2,000 chevaux...
SAMUEL.
Mais, monsieur Bernard...
BERNARD, *même geste.*
Chut !... 1,250 mulets... Là... vous voyez, monsieur, je m'oc-
cupais de vous... (*Écrivant le total.*) 1,250 mulets.
SAMUEL, *lui montrant un papier.*
Est-ce aussi en vous occupant de moi que vous avez écrit ceci ?
BERNARD, *distrait.*
C'est possible... (*Lisant.*) L'art d'aimer, chant deuxième... (*A
part.*) Aïe !
SAMUEL.
Oui, monsieur, *l'Art d'aimer*, chant deuxième... que j'ai trouvé
entre les comptes vivres-viandes de l'armée d'Italie, et l'article
chaussure.
Air : *Vaudeville de l'Anonyme.*
Je veux savoir si cette fourniture
A nos soldats peut offrir des secours :
J'ouvre, et je lis... c'est de votre écriture :
« Confions-nous à l'aile des Amours ! »
BERNARD.
Mais, permettez...
SAMUEL.
Vous en faites de belles !...
Je vous remets mes comptes, mes papiers,
Non pour savoir si l'Amour a des ailes,
Mais si l'armée a toujours des souliers !
BERNARD, *éclatant.*
Ah çà, mais personne n'en veut donc, de la poésie !... elle est
donc proscrite de partout, la malheureuse poésie !... J'entre chez

un procureur, chez maître Jaspin !... Il a la rime en horreur... Bien.. Je me fais soldat du roi... je vais me battre en Italie, je me distingue aux batailles de Parme et de Guastalla... Le maréchal de Coigny me prend pour secrétaire... et voilà qu'un beau jour il s'écrie, furieux : « Des vers !... vous faites de ces choses-là, monsieur !... comme un abbé de cour !... ou comme ce petit Saint-Lambert, qui déshonore ses épaulettes de dragon ! » Et il me met à la porte... Très-bien !

SAMUEL.
C'est-à-dire, il vous recommande à ma protection, et vous fait admettre dans ma maison comme vérificateur des comptes... (*Vivement.*) Vérificateur !... pas versificateur !...

BERNARD.
C'est cela !... vous voilà juste comme le procureur et le maréchal !

SAMUEL.
Oui, monsieur !... et songez-y !... au premier distique, vous sortirez de mon hôtel !

BERNARD, *à part.*
O ciel ! ne plus la voir !... oh ! non, non ! (*A Samuel, avec feu.*) Je vous jure de ne plus recommencer !... (*S'oubliant et improvisant.*)

Non, je veux divorcer avec les chastes sœurs,
Qui dans tous mes calculs causèrent des erreurs;
Je veux enfin quitter Vénus pour un problème,
L'Amour pour un total, Apollon pour Barême !

SAMUEL, *étourdi.*
Mais ça rime !... mais ce sont des vers !...

BERNARD.
Ce seront les derniers, monsieur, je vous le jure...

SAMUEL.
Arrête, malheureux ! assez, je t'en conjure.

BERNARD, *riant.*
Bien !... celui-là est de vous ! je ne le prends pas pour mon compte !...

SAMUEL, *avec dignité.*
Je rougis de l'avoir fait, monsieur !... j'en suis honteux !... (*A part, avec une satisfaction contenue.*) J'ai fait un vers !

BERNARD, *à part.*
Il ne le donnerait pas pour cent louis... (*Soupirant.*) Je ne les vends pas ça.

SAMUEL.
Voyons, pour arrêter ce débordement, parcourez ce compte des fournitures de la cavalerie...

BERNARD.
Vous avez raison... c'est un calmant... additionnons des chevaux. (*Il se place au bureau, et Samuel tire un parchemin de sa poche.*)

SAMUEL, *à part.*
Quant à ce contrat de mariage, que j'ai fait rédiger par maître Jaspin... j'ai dit à la marquise qu'en mon absence elle le trouverait dans ce petit meuble... (*Se dirigeant vers le coffret.*) Ma modestie ne me permet pas...

BERNARD, *qui le suivait de l'œil.*
Ah ! ciel !... qu'est-ce qu'il va faire ?... il va trouver mon épître !... (*Haut et vivement.*) Monsieur !... monsieur Samuel !... je trouve trois chevaux de trop !...

SAMUEL.
C'est bien, c'est bien.... je vous les donne... (*Ouvrant le meuble.*) Là... voilà ce que c'est... Eh ! mais ! quel est cet autre papier ?...

BERNARD.
Je suis perdu !...

MADEMOISELLE SALLÉ, *en dehors.*
Je te dis, faquin, que je suis mademoiselle Sallé, et que l'Opéra entre partout !

SAMUEL.
Dieu !... (*Il rejette les papiers dans le coffret, qu'il referme brusquement.*)

BERNARD, *étonné.*
Mademoiselle Sallé ?

SAMUEL, *très-troublé.*
Chez moi !... dans mon hôtel !... après ce que...

BERNARD.
Quoi donc, monsieur ?...

SAMUEL, *s'esquivant.*
Je n'y suis pas !... je suis sorti !... je suis en voyage !...

BERNARD.
Mais, si votre suisse lui a dit...

SAMUEL.
Ah !... alors, je suis malade !... j'ai la coqueluche !... Dieu ! je l'entends !... (*Il s'échappe par la gauche, au moment où la porte du fond s'ouvre.*)

SCÈNE III.

BERNARD, MADEMOISELLE SALLÉ.

MADEMOISELLE SALLÉ, *entrant, à un valet.*
Deux louis pour toi !... tu te les feras donner par ton maître...

BERNARD, *à part.*
Mademoiselle Sallé !... celle qui...

MADEMOISELLE SALLÉ, *voyant de loin Bernard.*
Qu'est-ce que c'est que ça !... un secrétaire ?... un commis ?... Eh ! bonhomme !...

BERNARD, *se plaçant devant elle et familièrement.*
Ça va bien, mademoiselle ?...

MADEMOISELLE SALLÉ.
Plaît-il ?... (*Le regardant*). Ah ! mon Dieu !... mais c'est lui !...

BERNARD, *humblement.*
Le petit clerc à la quittance... pas davantage... (*Voyant sa surprise et partant d'un éclat de rire.*) Ha ! ha ! ha !

MADEMOISELLE SALLÉ.
Comment !... vous riez, monsieur !...

BERNARD.
Comment ! vous ne riez pas, mademoiselle !... (*Baissant la voix.*) Est-ce que vous avez déjà oublié ce jour où... ha ! ha ! ha ! ha !...

MADEMOISELLE SALLÉ, *lui tournant le dos.*
Le fait est que, si c'était arrivé à une de mes camarades... ha ! ha ! ha ! ha !

BERNARD.
Un petit clerc, pris pour un grand seigneur, parce que... ha ! ha ! ha !...

MADEMOISELLE SALLÉ.
Et dire que peu s'en est fallu... ha ! ha ! ha ! ha !...

BERNARD.
Hein ? si je ne m'étais pas si pressé de vous demander la quittance !... ha ! ha ! ha ! ha !

MADEMOISELLE SALLÉ, *sévèrement.*
Eh ! bien ?

BERNARD.
Dame !...

BERNARD et MADEMOISELLE SALLÉ, *riant aux éclats.*
Ha ! ha ! ha ! ha !

BERNARD.

AIR : *De sommeiller encor, ma chère.*

Allons, vous n'êtes plus fâchée...

MADEMOISELLE SALLÉ.
Si fait, je le serai toujours :
Car je pouvais être affichée.

BERNARD.
Eh quoi ! lorsque, dans mes amours,
De reculer j'eus la sottise !...

MADEMOISELLE SALLÉ.
Vous n'aviez pas le sens commun :
Quand une femme est compromise,
Il faut qu'au moins ça profite à quelqu'un.

BERNARD.
C'est bien !... ça me profitera.

MADEMOISELLE SALLÉ.
Mais... songez-y... jamais un mot de ce qui s'est passé...

BERNARD.
Je le jure !

MADEMOISELLE SALLÉ, *lui tendant la main.*
J'y compte, monsieur... monsieur ?...

BERNARD.
Gentil-Bernard.

MADEMOISELLE SALLÉ.
Vous !... Eh ! mais, en effet, vous n'êtes plus ce pauvre petit clerc... si niais... si...

BERNARD.
Je me suis dégourdi... j'ai voyagé, j'ai fait la guerre.

MADEMOISELLE SALLÉ.
Mieux que cela !... vos vers, encore inédits, ont un succès fou dans les salons et dans les ruelles... les femmes s'arrachent les fragments de *l'Art d'aimer*.

BERNARD.
Vraiment ?

MADEMOISELLE SALLÉ.
Aussi, vous ne vous appelez plus seulement Bernard... un nouveau parrain vous a donné un nouveau nom !...

BERNARD.
Et ce parrain, c'est M. de Voltaire !

MADEMOISELLE SALLÉ.

AIR : *Vaudeville de la petite sœur.*

« Trois Bernard sont connus, dit-il :
Un d'eux est roi de la finance...
BERNARD.
L'autre, un saint homme qu'on encense.
MADEMOISELLE SALLÉ.
Le troisième, appelé Gentil...
BERNARD.
A moins d'or et moins d'importance... »
Ce nom si doux qu'il me donna,
Pour le mériter, comment faire ?
MADEMOISELLE SALLÉ.
Vous savez bien, même avant ce nom-là,
Que plus d'une femme déjà
Était de l'avis de Voltaire.
BERNARD, vivement et avec joie.
Vous, peut-être ?... Eh oui !... cette visite inattendue chez M. Samuel Bernard...
MADEMOISELLE SALLÉ.
Ta, ta, ta, ta... vous n'y êtes pour rien... C'est la colère, la vengeance, qui m'amènent !...
BERNARD, à part.
En effet, cet effroi, cette fuite du traitant... (Haut.) Mais, dites moi donc...
MADEMOISELLE SALLÉ.
Écoutez... Je suis bonne fille, moi, on le sait... Quand on me parle d'amour, j'écoute sans me fâcher... et quelquefois je réponds... Mais quand il s'agit du bien, de la propriété d'autrui !... enfin, d'un mari... comme ce vieux Jaspin, que j'ai berné... comme ce multôtier de Samuel Bernard !...
BERNARD, étonné.
Ah ! bah ! monsieur Samuel ?... il va se marier ?
MADEMOISELLE SALLÉ.
Demain...
BERNARD.
Et il vous a écrit ?...
MADEMOISELLE SALLÉ.
Hier... Une déclaration chiffrée... où il estime mon cœur soixante mille livres.
BERNARD.
L'avare !...
MADEMOISELLE SALLÉ.
Outrager à la fois une marquise et une danseuse !... c'est trop financier !
BERNARD, vivement.
Une marquise, avez-vous dit !...
MADEMOISELLE SALLÉ.
Celle qu'il va épouser... madame de Sombreuse.
BERNARD, à part.
Ciel !...
MADEMOISELLE SALLÉ.
Mariage de convenance entre la noblesse ruinée et la roture enrichie... qui fait l'un à peu près marquis... par sa femme... et autre cent fois millionnaire... par son mari...
BERNARD, à part.
Il épouse la marquise !... ma belle marquise !...
MADEMOISELLE SALLÉ, l'observant.
Hein ?... qu'avez-vous donc ?...
BERNARD.
Rien... rien...
MADEMOISELLE SALLÉ, vivement.
Si fait !... Oh ! j'y suis !... je devine !... vous aimez madame de Sombreuse !...
BERNARD, confus.
C'est vrai !... mais dois-je vous dire, à vous, qu'une autre...
MADEMOISELLE SALLÉ, gaiement.
Bon ! me voilà compromis !...
Allez donc, ne vous gênez pas... C'est drôle qu'on me parle d'amour, et que je n'y sois pour rien... mais, bah !... Voyons, allez, dites...
BERNARD.
Eh bien !... je voyais souvent la marquise au château de M. Samuel, à Meudon... où elle me rencontrait parfois, rêvant sous les bosquets... Il y a beaucoup de bosquets à Meudon... et je crois bien qu'elle n'était pas fâchée de les trouver habités... mais j'étais... doux, si timide !... que... (S'interrompant, en la voyant rêveuse.) A quoi donc pensez-vous ?
MADEMOISELLE SALLÉ.
A mes projets de vengeance !... Comment ! moi, Sallé, je venais vous livrer brutalement ce billet à la marquise et rompre un mariage !... allons donc ! c'était plat, grossier, indigne d'une fille d'Opéra !... Oh ! mais, maintenant, j'entrevois une autre vengeance, bien plus piquante !...
BERNARD, vivement.
Dans mon amour ?...
MADEMOISELLE SALLÉ, lui tendant la main.
Nous sommes dignes de nous entendre !...

BERNARD.
Entendons-nous !... Vous me seconderez ?...
MADEMOISELLE SALLÉ.
De tout mon pouvoir !... guerre à mort aux maris infidèles !
BERNARD.
Oui, guerre à mort !... Mais, une grande dame... une beauté à blason... ce ne doit pas être facile... Voyons, Sallé, ma belle et bonne Sallé... comment s'y prend-on ?
MADEMOISELLE SALLÉ.
Monsieur me demande une consultation ?
BERNARD.
Précisément.
MADEMOISELLE SALLÉ.
Ah dame ! je ne suis pas de ce monde-là... Mais, cependant, attendez !... Un jour que M. de Richelieu était à mes pieds, me demandant... je ne sais quoi...
BERNARD.
Je sais, moi... allez.
MADEMOISELLE SALLÉ.
Pour gage de votre sincérité... lui répondis-je... je veux que vous disiez quels moyens vous mettez en œuvre près des dames de la cour.
BERNARD.
Eh bien ?...
MADEMOISELLE SALLÉ.
« Trois, me dit-il... trois, que j'ai employés successivement, et qui m'ont réussi... successivement. »
BERNARD.
Trois ?... Je n'en demande qu'un.
MADEMOISELLE SALLÉ.
« La soumission... la mélancolie... et l'impertinence. »
BERNARD.
Et laquelle des trois recettes me conseillez-vous de choisir ?
MADEMOISELLE SALLÉ, gaiement.
Je vous conseille... de tirer au sort.
BERNARD, joyeux.
Excellente idée !... et je veux, ici même...
MADEMOISELLE SALLÉ.
Que faites-vous ?...
BERNARD.
J'écris... (Écrivant sur trois papiers) Soumission... Mélancolie... Impertinence... Et maintenant...
MADEMOISELLE SALLÉ.
Et maintenant ?... (Il met les trois billets dans son chapeau. — La porte du fond s'ouvre aussitôt, et un valet introduit la marquise de Sombreuse.)
LE VALET.
Si madame la marquise veut prendre la peine d'entrer...
BERNARD, surpris et effrayé.
C'est elle !... Allez-vous-en !...

SCÈNE IV.

MADEMOISELLE SALLÉ, LA MARQUISE DE SOMBREUSE, BERNARD.

LA MARQUISE, à part.
Une femme !...
MADEMOISELLE SALLÉ, faisant la révérence.
Madame la marquise...
LA MARQUISE, avec douceur.
Mademoiselle Sallé, de l'Opéra... si je ne me trompe ?...
BERNARD, à part.
Bon ! me voilà compromis !...
MADEMOISELLE SALLÉ, respectueusement.
J'allais me retirer, madame la marquise... mais je me fais un devoir de vous expliquer ma présence dans l'hôtel de notre illustre financier... (Mouvement de la marquise.) Une grande représentation se prépare à l'Opéra, au bénéfice d'un pauvre diable que la danse n'a pas enrichi... et je suis venue puiser au Pactole.
BERNARD, à part, pendant que mademoiselle Sallé salue la marquise et s'éloigne.
Je respire !... le Pactole nous tire d'affaire.
MADEMOISELLE SALLÉ, bas, au fond.
Vous n'avez pas mauvais goût, mon cher.
BERNARD.
Parbleu !... (La marquise se retourne, mademoiselle Sallé fait une nouvelle révérence et se retire.)

SCÈNE V.

LA MARQUISE, BERNARD.

LA MARQUISE, *à part, sur le devant.*
Seule avec lui !... oh ! non pas... (*Haut.*) M. Samuel Bernard... n'est pas chez lui ?...
BERNARD.
Il est malade, madame... il a... la coqueluche.
LA MARQUISE, *riant.*
La... Ah ! mon Dieu !... En ce cas... (*Elle se dispose à sortir.*)
BERNARD, *l'arrêtant.*
Mille pardons, madame la marquise... Je vais vous faire une prière... bien étrange... (*Lui présentant le chapeau dans lequel il a mis les trois papiers.*) Daignerez-vous tirer un billet de ce chapeau ?
LA MARQUISE.
Une loterie ?...
BERNARD.
Peut-être la loterie de mon bonheur.
LA MARQUISE, *s'approchant.*
Oh ! alors... fasse le ciel que je touche le bon numéro ! (*Remettant à Bernard le papier qu'elle a pris.*)

Air : *Voltaire chez Ninon.*
Eh bien ! êtes-vous satisfait ?
BERNARD, *tenant le papier, à part.*
Elle a prononcé sa sentence !
Je tremble d'ouvrir ce billet...
O ciel ! que vois-je !... *Impertinence !*
LA MARQUISE.
Répondez donc...
BERNARD, *à part.*
Le vilain mot !...
Près d'elle, si belle et si bonne,
Pour être impertinent... il faut
Que ce soit elle qui l'ordonne.
LA MARQUISE.
Eh bien ! monsieur, ce billet ?...
BERNARD.
Ce billet, madame, fixe mes irrésolutions.... (*Avec aplomb.*) et me trace un plan de conduite.
LA MARQUISE.
En ce cas, je vous laisse... D'ailleurs, j'aurai interrompu votre travail... je ne vous savais pas ici. (*Elle s'éloigne.*)
BERNARD, *sans se retourner.*
Bien sûr ?... vous ne me saviez pas ici ?...
LA MARQUISE, *étonnée.*
Mais... sans doute... puisque je me retire...
BERNARD, *à part.*
Allons ! ferme !... (*Allant à elle et la ramenant avec empressement.*) Comment donc, belle dame, mais vous n'êtes pas importune... Pour la beauté, je suis toujours visible... le jour comme... plus tard.
LA MARQUISE, *à part.*
Que dit-il ?
BERNARD.
Oh ! il ne faut pas rougir pour ça... Eh ! mon Dieu ! le cœur d'une marquise n'est pas plus cuirassé contre l'amour... que le premier cœur venu. (*À part.*) Pas mal impertinent !
LA MARQUISE, *blessée.*
Je ne vous comprends pas, monsieur !...
BERNARD.
Parbleu ! vous ne comprenez jamais, mesdames... ou plutôt ; vous n'avez jamais l'air de comprendre... (*La voyant agiter avec dépit son éventail.*) C'est si commode, un éventail !... Vous avez tort, là, franchement... car, si nous n'y mettions pas plus de bonne volonté, on n'arriverait à rien... et vous y perdriez.
LA MARQUISE.
En vérité, monsieur !...
BERNARD.
Mais rassurez-vous ; je ne suis pas cruel ; je ne fais languir personne... et la preuve, c'est que, si vous m'avez trouvé aimable, galant, bien fait... moi, je vous trouve fort agréable... (*Mouvement de la marquise.*) tout à fait charmante, ou je meurs !... Dieu me damne, vous me rappelez deux duchesses qui ont failli se disputer mon cœur au pistolet. (*Il fait une pirouette.*)
LA MARQUISE.
Monsieur ! vous n'êtes qu'un impertinent !...
BERNARD, *à part.*
Elle a trouvé le mot ! (*Haut.*) Impertinent, soit... Mais les impertinents, on les adore... et je suis prêt à me laisser adorer.
LA MARQUISE, *s'appuyant sur un fauteuil.*
Ah ! j'étouffe !... je suffoque !...
BERNARD, *s'approchant pour la délacer.*
Si vous vouliez m'essayer comme fille de chambre ?...
LA MARQUISE, *s'élançant vers la sonnette.*
Monsieur !
BERNARD.
Arrêtez, madame !...
LA MARQUISE.
Sortez !... ou j'appelle les gens !...
BERNARD, *à part, interdit.*
Elle se fâche !... N'aurais-je pas été assez impertinent ?...
LA MARQUISE.
Eh ! bien, monsieur ?...

ENSEMBLE.
Air *de Mimi Pinson.*
BERNARD, *à part.*
J'en reste confondu !
Et mon cœur éperdu
Pour jamais a perdu
L'espérance !
Ah ! fuyons de ces lieux,
Dérobons à ses yeux
Ce visage odieux
Qui l'offense !
LA MARQUISE, *à part.*
L'ai-je bien entendu !
Comme il est confondu !
Lui-même s'est perdu...
Quelle offense !
Qu'il sorte de ces lieux !
Désormais, je ne peux
Supporter sous mes yeux
Sa présence !
(*Bernard veut se rapprocher*).
LA MARQUISE.
Sortez ! (*Bernard s'éloigne confus et sort à droite*).

SCÈNE VI.

LA MARQUISE, *seule.*

Lui !... si timide, si réservé jusqu'à présent !... mais c'est de la folie, du délire !... Ça n'est pas né, et c'est impertinent comme un gentilhomme !... (*Baissant la voix*). Ah ! j'ai bien peur que, là-bas, à Meudon, il n'ait surpris... et compris un de mes regards... (*Soupirant*). C'est dommage... Il est bien insolent à Paris... Mais il était bien gentil à Meudon (*Avec dépit.*) C'est la faute de ce Samuel, qui me laisse seule ici !... (*Par réminiscence*). Ah ! je sais pourquoi... il m'a dit que je trouverais dans ce meuble, je crois, le contrat de mariage qu'il a préparé. (*Ouvrant le coffret, dont elle tire le contrat et l'épître.*) Moi !... marquise de Sombreuse !... épouser un... (*Ses yeux se sont arrêtés sur l'épître*.) Que vois-je !... Épître à la marquise de Sombreuse !... Des vers !... Et, de ce côté ?... Ah ! c'est différent... une longue énumération de ses biens... Je devine, la poésie est là, pour réparer ce que le contrat a de trop prosaïque... Mais de la poésie de traitant... (*Riant.*) Ce doit être curieux !... (*Lisant en souriant.*)

« Oui, je t'adore et j'ose t'en instruire !
« Mes yeux l'ont dit, mes vers... »

(*Continuant à lire des yeux et devenant plus sérieuse.*) Eh ! mais ! ce début est plein de passion. (*Lisant toujours.*) Puis, une facilité, une grâce !... Oh ! cela ne peut durer... Si, vraiment, de mieux en mieux !... charmant ! charmant !... (*Achevant.*)

« Ils sont garants que tu brûles toi-même,
« Et meurs d'un mal dont j'expire à tes pieds !...»

SCÈNE VII.

LA MARQUISE, SAMUEL.

SAMUEL, *rentrant avec précaution, un bouquet à la main.*
Plus de Sallé... et la marquise !... Bon ! elle tient le contrat !
LA MARQUISE, *qui lisait.*
Ravissant !...
SAMUEL, *à part.*
Elle trouve mes millions ravissants... c'est aussi mon opinion... (*S'avançant.*) Chère marquise...
LA MARQUISE.
Ah ! c'est vous !...
SAMUEL.
Daignez accepter ce bouquet.
LA MARQUISE, *avec grâce.*
Encore des fleurs !... n'était-ce pas assez de celles que vous avez répandues dans cette épître ?...
SAMUEL, *étonné.*
J'ai répandu des fleurs dans une épître ?...

LA MARQUISE.
Trop modeste, vraiment...

SAMUEL, à part.
Ah ! épître... elle veut dire : contrat... ces personnes de cour ont des façons de parler !... (Haut.) Oui, marquise, oui, c'est moi qui ai tout rédigé.

LA MARQUISE.
Composé ?

SAMUEL.
Composé, soit... Seulement, pour la forme, je me suis adjoint le procureur Jaspin.

LA MARQUISE.
Ah ! il est poëte aussi ?...

SAMUEL, riant.
Comment ! poëte ?... poëte au Châtelet ?... allons donc !... Il a dressé le contrat.

LA MARQUISE.
Le contrat, sans doute, c'est son métier... Mais cette épître, qui m'est adressée, et que j'ai trouvée là... ces vers charmants, adorables... déjà gravés dans ma pensée !...

SAMUEL, de plus en plus étonné.
Des... vers ?...

LA MARQUISE.
Est-ce qu'ils ne sont pas de vous ?

SAMUEL, vivement.
Si fait !... si fait, parbleu !... (A part, montrant le coffret.) Qui diable a fourré de la poésie là dedans ?... (Haut.) Comment donc, marquise, du moment que vous aimez les vers, je vous en ferai faire... (Se reprenant.) Je vous en ferai tant que vous voudrez... (A part.) J'y suis !... c'est l'autre Bernard !

LA MARQUISE, avec défiance.
Je vois, monsieur Samuel, que vous avez de l'esprit... dans vos moments perdus... quand vous voulez...

SAMUEL.
Quand je veux, certainement... avec une fortune comme la mienne...

LA MARQUISE, l'observant.
Quoi ! si je vous prenais au mot... vous pourriez, là, sur-le-champ, sans attendre l'inspiration...

SAMUEL, galamment.
N'êtes-vous pas là ?

LA MARQUISE.
Trop aimable... Eh bien ! c'est dit, je vous prends au mot.

SAMUEL, à part.
Ah ! diable ! voudrait-elle me faire composer... moi-même ?...

LA MARQUISE.
Allons, placez-vous là... quatre vers seulement... je n'en demande que quatre... pouvez-vous ?...

SAMUEL.
Si je peux !... c'est-à-dire que les idées me viennent en foule... j'ai même trop d'idées... c'est ce qui m'embrouille... Et puis, la rime... ah ! la rime,...

LA MARQUISE.
Oh ! si la rime vous embarrasse....

SAMUEL.
Pas du tout !

LA MARQUISE.
Si fait, c'est possible... attendez. (Elle écrit.)

SAMUEL.
Que fait-elle ?

SCÈNE VIII.

LES MÊMES, BERNARD, au fond.

BERNARD, (rentrant à droite et s'arrêtant au fond.)
Ils sont ensemble !...

LA MARQUISE.
Voici quatre bouts rimés... il doit vous être facile de les remplir.

BERNARD, au fond.
Qu'entends-je !

LA MARQUISE, lisant.
Voi...
Dévore...
Encore...
Toi...

SAMUEL et BERNARD, l'un après l'autre.
Voi...
Dévore...
Encore...
Toi...

LA MARQUISE, lui montrant la table.
Allons, monsieur...

SAMUEL.
J'y suis, madame.

BERNARD, au fond, ouvrant des tablettes.
Et moi aussi.

SAMUEL, cherchant.
Voi, voi, voi, voi... (Tout à coup.)
« Ah ! je ne sais ce que je voi !...

LA MARQUISE.
Comment ! monsieur, quand je suis devant vous ?...

SAMUEL.
C'est juste... je voulais dire : Ah ! je ne sais ce que je dis... mais ça ne rimerait pas... Le second va raccommoder le premier. (Il s'assied.)

BERNARD, par inspiration.
Ah !

SAMUEL, de même, de son côté.
Ah !...

BERNARD, à part.
Je les tiens !

SAMUEL, de même.
Je ne tiens rien du tout... (Répétant très-vite.) Dévore, dévore, dévore... Qu'est-ce que je pourrais bien...

LA MARQUISE.
Eh bien ! monsieur ?...

SAMUEL, à part.
Je ne trouve absolument rien à dévorer...

BERNARD, au fond.
Voilà mon quatrain achevé... comment rester seul avec elle ?...

LA MARQUISE.
Si c'est ma présence qui vous arrête...

SAMUEL.
Non, non, madame !... et je crois même tenir une idée.

LA MARQUISE.
Vraiment !

SAMUEL.
Oui, oui, je la tiens... c'est dévore qui me l'a donnée... (Répétant les bouts rimés.) Voi, dévore, encore, toi. (Se grattant le front.) Voi, voi, voi... (Avec explosion.) Ah !
« Sur ma table lorsque je voi
« Homards et truffes, je dévore...
(Il s'empresse d'écrire les deux vers.)

LA MARQUISE, souriant.
Homards et truffes !

BERNARD, riant, à part.
Il va... il va très-bien.

SAMUEL, enchanté.
Voi, dévore... en voilà deux... deux, ma foi, très-bien tournés.
« Sur ma table lorsque je voi
« Homards et truffes, je dévore...
(Répétant et cherchant très-vite.) Encore, encore, encore... (Comme inspiré.) Ah !
« Prends garde, si j'en mange encore !..

LA MARQUISE.
Si j'en mange encore...

SAMUEL.
« Prends garde, si j'en mange encore !...

LA MARQUISE.
Oui, mais prends garde à quoi ?... Voyons la dernière rime... (Répétant très-vite.) Toi, toi, toi, toi, toi... Oh !...
« Prends garde, si j'en mange encore,
« Qu'il ne reste plus rien pour toi !

LA MARQUISE, riant aux éclats.
Ah ! ah ! ah ! ah !...

SAMUEL, relisant son quatrain et s'extasiant.
Sur ma table, lorsque je voi
Homards et truffes, je dévore...
Prends garde, si j'en mange encore,
Qu'il ne reste plus rien pour toi !

BERNARD, toujours au fond.
A tout prix, il faut que je l'éloigne.

SAMUEL, triomphant.
Je fais des vers !... j'ai de l'esprit !... et on me l'avait toujours caché !...

ENSEMBLE.
Air : De contredanse.

SAMUEL.
C'est vraiment
Charmant !
Un financier poëte !
Que d'esprit j'ai dans la tête !
Et l'on dit pourtant que l'argent me rend bête !...
Eh bien !
Je n'en crois plus rien.

LA MARQUISE, riant.
C'est vraiment
Charmant;

Pour faire une conquête!
Ces vers me tournent la tête!
Non, jamais, je crois, un plus galant poëte
N'a rien
Trouvé d'aussi bien!

BERNARD, *feignant d'arriver.*
C'est vraiment
Charmant!...
Mais il faut que j'arrête
Cet aimable tête-à-tête;
Il s'agit ici de vaincre une coquette;
Eh bien!
Ne ménageons rien.

BERNARD, *feignant d'arriver.*
Chez maître Jaspin, pour ce procès qu'on vous intente,
Il vous faut courir : l'affaire est, dit-il, importante.

SAMUEL.
Sortir! quel supplice! et combien de bonheur je perds!
(*A la marquise.*)
Mais, pour me remplacer, je vous laisse mes vers.
Reprise de l'ensemble.

SAMUEL, *en sortant.*
Petit!... je vous accorde mille écus de gratification?

SCÈNE IX.

BERNARD, LA MARQUISE.

BERNARD, *avec feu.*
Mille écus!... Mais si j'étais roi, madame, je lui rachèterais ce que je lui ai donné, cent mille livres!... cent millions!... toute la France!...

LA MARQUISE, *sévèrement.*
Vous osez encore reparaître!...

BERNARD, *s'inclinant avec soumission.*
Pour la dernière fois, madame... Je vais me retirer... après vous avoir rendu ce qui vous appartient, et repris ce qui est à moi.

LA MARQUISE, *étonnée.*
Ce qui est... à vous?... (*Bernard lui montre le papier qu'elle tient. — Vivement.*) Quoi! cette épître... est de vous, monsieur?...

BERNARD.
Eh! que m'importe, à présent?... Ce qui n'est pas de moi, madame... c'est le langage indigne que j'ai osé vous adresser... et dont je vous demande grâce!... ce sont les insolentes paroles qui sont sorties de ma bouche, mais non de mon cœur!... Ah! si jamais j'emprunte quelque chose à M. de Richelieu!...

LA MARQUISE.
Vous lui devez?

BERNARD.
Un fort mauvais conseil... trois moyens de plaire, dont les deux premiers peuvent être excellents... mais le troisième!...

LA MARQUISE, *devinant.*
Le troisième!... Quoi! ces trois billets?...

BERNARD.
Dont votre belle main a tiré le plus mauvais... oui, madame...
Ce n'est donc pas moi qui suis coupable :

Air : *De la Favorite* (Pour tant d'amour).
Grâce pour moi!... que votre haine expire
Pour tant d'amour, eh quoi! tant de rigueur!...
Sur votre front quand la bonté respire,
Ne le chassez jamais de votre cœur!
(*L'orchestre continue piano.*)

LA MARQUISE, *troublée.*
De grâce, monsieur!... on peut venir!...

BERNARD.
Un mot, un seul mot!... « Gentil-Bernard, je vous permets de m'aimer!... »

LA MARQUISE, *très-émue.*
Mais pas du tout!... je ne permets pas cela!...

BERNARD.
Oh! si, madame!... vous êtes émue!... j'avais deviné!...

LA MARQUISE.
Deviné!... Quoi donc?...

BERNARD, *lui remettant un papier.*
A mon tour, je vous rends ce qui vous appartient... vos quatre rimes. (*Récitant à demi-voix, pendant que la marquise lit tout bas.*)
« Tes yeux charmants, la flamme que j'y *vois*,
« Tout montre assez le feu qui te *dévore* ;
« Vois sur ton sein, vois soupirer *encore*
« Ces deux témoins soulevés contre *toi*. »

Air précédent.
Ah! par pitié, cédez au doux empire
D'un sentiment, présage du bonheur!...
Dans vos beaux yeux lorsque l'amour respire,
Ne le chassez jamais de votre cœur!
(*Il tombe à genoux*).

LA MARQUISE.
Gentil-Bernard!...

SCÈNE X.

LES MÊMES, SAMUEL.

SAMUEL, *entrant.*
Ventrebleu!... mon secrétaire aux genoux de ma femme!... Holà! mes gens!... (*Aux valets qui accourent*).—Qu'on le jette par la fenêtre! (*Les valets s'élancent vers Bernard, qui se met en défense et cherche à leur échapper.*)

ENSEMBLE

AIR :

SAMUEL.
A mon signal chacun doit obéir!
Il m'outrageait, et je veux le punir!
Par la fenêtre il faut, sans hésiter,
Vite, il faut le jeter.

LA MARQUISE.
Cet ordre affreux ne doit pas s'accomplir!
C'est un enfant que vous voulez punir!
Ce châtiment, qu'il n'a pas mérité,
Est une lâcheté!

LES VALETS.
A son signal nous devons obéir!
Il nous commande et nous devons punir!
Par la fenêtre, allons, sans hésiter,
Nous devons le jeter.

(*Les valets saisissent Bernard et le précipitent par la fenêtre.*)
LA MARQUISE, *poussant un cri de terreur et tombant sur une chaise.*
Ah!

SAMUEL, *criant.*
Il est tombé dans une charrette de légumes!

LA MARQUISE.
Il n'est pas blessé!...

SAMUEL, *qui a regardé de nouveau.*
Le petit scélérat!... Il embrasse la jardinière!...

ACTE IV.

LA PAYSANNE.

La cour d'une ferme, au village de Noisy-le-Sec. — A droite, au premier plan, l'entrée de la maison de Jaillou. — Au fond, une clôture en bois, avec un portail au milieu. — Au delà, le village. — Une grande table est dressée, en fer à cheval, pour le repas de noces de Jaillou et de Claudine.

SCÈNE I.

BERNARD, CLAUDINE, JAILLOU, PAYSANS, PAYSANNES,
(*Au lever du rideau, ils sont tous à table. — Claudine, en toilette de mariée, est assise au milieu entre Bernard et Jaillou.*)

CHOEUR, *répétant le refrain d'une chanson.*
Encore un quart'ron,
Claudine!
Encore un quart'ron!

JAILLOU, *élevant son verre.*
A la santé de la mariée!

TOUS.
A la santé de la mariée!

JAILLOU.
A la santé de mon épouse!

BERNARD, *lutinant Claudine.*
A la santé de mon épouse!

JAILLOU.
Eh! là bas!... c'est de *son* épouse qu'il faut dire!...

BERNARD.
C'était pour faire comme vous.

JAILLOU.
Jeune homme... je vous dirai comme M. le bailli : faites ce que je dis... (*Malicieusement, en embrassant Claudine.*) mais ne faites pas ce que je fais.

TOUS, *riant.*
Ha! ha! ha! ha!

JAILLOU.
Où en étais-je de ma chanson, vous autres ?
TOUS.
Au troisième couplet.
JAILLOU.
Ah ! oui...

AIR : *Encore un quart'ron, Claudine.*
Pour des enfants, Claudine,
J'en veux dans not' maison.
Vingt-cinq...
CLAUDINE.
Quelle ruine !
Vingt-cinq !...
JAILLOU.
Chut ! ou, sinon,
J'arrive au quart'ron,
Claudine,
J'arrive au quart'ron.
TOUS.
Craignez le quart'ron,
Claudine,
Craignez le quart'ron.

CLAUDINE.
Est-ce que c'est tout, mon petit homme ?
JAILLOU.
Mais oui, le maître d'école ne m'a appris que ça.
BERNARD.
C'est que le maître d'école ne savait pas toute la chanson.
Même air :
Que d'amoureux, Claudine,
Tentés par le démon,
De ces fruits qu'on devine
Sous ce corset fripon,
Voudraient un quart'ron,
Claudine,
Voudraient un quart'ron !

JAILLOU.
Qu'est-ce qu'il dit ?... qu'est-ce qu'il dit ?... vous auriez des fruits sous votre fichu, Claudine ?... (*Se tournant vers une vieille placée à sa droite.*) Tante Caillot, fallait prévenir.
BERNARD.
Mais non, c'est une figure !
JAILLOU, *à Claudine.*
Vous seriez tatouée ?...
BERNARD, *riant.*
Ha ! ha ! ha !
JAILLOU.
Dame ! ça s'est vu... la veuve Grivet a bien un dragon sur l'estomac... un souvenir de Fontenoy.
BERNARD.
Est-ce ma faute, si tu ne comprends pas ?
JAILLOU.
Eh bien ! oui, je déclare ne pas comprendre... C'est comme ce chiffon de papier que j'ai trouvé dans la chambre à Claudine, et où vous parlez de sa mère...
BERNARD, *à part.*
Mon épître à Claudine.
JAILLOU, *lisant niaisement.*
« C'est une fleur qu'un hasard fit éclore :
« Pour être née en de stériles champs,
« Est-elle moins la fille de l'aurore ? »
CLAUDINE.
Y a ça ?...
JAILLOU, *répétant.*
« Est-elle moins la fille de l'aurore. »
CLAUDINE.
Ah ! monsieur Bernard...
AIR : *Un homme pour faire un tableau.*
Vous avez fait un quiproquo ;
L'auror' n'est pas de ma famille :
Ma mère était un' Jaboteau,
Vous pouvez en croire sa fille.
JAILLOU.
Et pour travailler à son champ,
Son pèr', je m'en souviens encore,
A fait souvent l'ver sa maman...
Mais n'a jamais fait l'ver l'aurore.
(*Aux autres.*) Est-y bête ! est-y bête !
BERNARD, *se penchant vers Claudine.*
C'est vrai, je suis d'un bête !...
CLAUDINE.
Voulez-vous bien finir ?...
JAILLOU.
Quoi donc ?

CLAUDINE.
Y m'pince !
JAILLOU.
Oh ! il la pince !... est-y bête ! est-y bête !...
BERNARD, *élevant son verre.*
Je bois à l'esprit de M. Jaillou !
JAILLOU.
Oui, monsieur, on en a... on se flatte d'en avoir... Te rappelles-tu, Claudine, la noce du grand Tiretaine ?... oh ! Dieu ! que nous avons ri !... Figurez-vous, monsieur, qu'à l'instant du coucher de la mariée, nous avons fourré le grand Tiretaine dans la huche au pain... avec quatre sacs de farine par-dessus... Une idée à moi... Et puis, le grand Tiretaine criait, criait... et puis, il ne criait plus, parce qu'il étouffait... Bref ! il en a fait une maladie de quinze jours... Si ça n'est pas là de l'esprit !...
TOUS.
Est-il futé !... est-il malin !...
JAILLOU.
Je ne leur fais pas dire... Et le jour où la paroisse manquait un chantre !...
TOUS.
Ah ! oui !... ah ! oui !...
JAILLOU.
Encore une idée à moi... Je te vous prends un enfant de chœur, je te vous le campe dans la mare aux grenouilles... je te vous l'enrhume... mais je te vous l'enrhume solidement... et le lendemain, il avait une basse-taille magnifique... Si ça n'est pas là de l'esprit !...
TOUS.
Vive Jaillou ! vive Jaillou !
BERNARD, *qui avait disparu sous la table, reparaissant sur le devant.*
Qui veut de la jarretière de la mariée ?... (*Tout le monde se lève, et, pendant ce qui suit, on enlève la table.*)
CLAUDINE.
Ma jarretière !... C'est étonnant, je ne vous ai pas senti...
JAILLOU, *riant.*
Pas senti !... ah çà ! vous ne savez donc rien faire ?...
BERNARD.
Comment ?...
JAILLOU.
Mais chez nous, quand on prend la jarretière, on pince le voisinage... Te rappelles-tu, Claudine, la grande Calorgne ?... elle en a eu des noirs pendant six semaines...
BERNARD.
Faire pleurer une femme !
JAILLOU.
Quand c'est pour rire... Tenez, monsieur Bernard, vous êtes jeune, joli, bien tourné... Mais pour ce qui est de plaire aux villageoises, vous n'y entendez rien...
BERNARD.
Tu crois ?...
JAILLOU.
Demandez plutôt à Claudine, qui vous a offert l'hospitalité dans sa charrette, lorsqu'on vous a jeté par la fenêtre... Ah ! à propos, pourquoi donc qu'on vous a jeté par la fenêtre ?
BERNARD, *cherchant.*
Je... je défendais une jeune fille... qui était attaquée par des brigands... dans un salon... Ils m'ont saisi, précipité, et je suis tombé sur les légumes de Claudine, qui m'a dit : « Donnez-vous donc la peine de vous asseoir. »
JAILLOU, *avec admiration.*
Il n'y a que Paris pour ces sortes d'aventures !... Oh ! Paris !... Et dire que moi, Jaillou, je ne verrai jamais la capitale, et que la capitale ne me verra jamais !...
CLAUDINE.
Eh bien !... et moi ?... est-ce que je ne suffis pas à ton bonheur ?...
JAILLOU.
Toi, Claudine, t'es bien gentille... mais tu n'es pas le Louvre... tu n'es pas le Grand-Opéra... encore moins le Palais-Royal... Ah ! je t'aime bien, Claudine !... mais quelqu'un me dirait : « Jaillou, quoi que tu veux voir cette nuit, ta femme ou le dôme des Invalides ? » Je répondrais : « Le dôme des Invalides !... »
BERNARD.
Ah ! bah !
CLAUDINE.
Eh bien ! c'est galant !
JAILLOU.
Après ma mort, je ne fais qu'un vœu, c'est de renaître sous la forme de quelque monument... Vrai ! je voudrais revenir Fontaine des Innocents !

UN PAYSAN, *accourant.*

- Monsieur le bailli !... monsieur le bailli ! Ah ! le v'là... Pardon, excuse de vous déranger... mais il vient d'arriver à votre porte un carrosse de Paris, avec deux messieurs et deux beaux chevaux qui vous demandent...

BERNARD, *à part.*

Ciel !... j'avais tout oublié !

JAILLOU, *riant.*

Tiens ! tiens ! M. le bailli qui reçoit des chevaux de Paris !... (*Au paysan.*) Les as-tu fait entrer ?... leur as-tu offert des chaises ?...

LE PAYSAN.

Oui, aux deux messieurs... qui sont habillés tout de noir.

BERNARD, *à part.*

C'est bien cela !

LE PAYSAN, *mystérieusement.*

Mais v'là qu'est plus drôle !... Depuis ce matin, on voit rôder autour du village un tas de figures inconnues, que personne ne connaît !

JAILLOU.

Tiens !...

BERNARD, *à part.*

Je suis cerné !

LE PAYSAN.

Venez, venez, monsieur le bailli.

JAILLOU, *arrêtant les paysans, qui veulent suivre le bailli.*

Ah ! bah ! ça ne nous regarde pas... A la danse !... et trémoussez-vous en mon honneur !

CHOEUR.

AIR :

La danse commence;
Allons, amis, que l'on s'élance !
Entendez-vous du bal
Les doux accords, le gai signal !

(*Tout le monde sort, à droite, entre la maison et la clôture, excepté Bernard, qui reste sur le devant, et Jaillou et Claudine, qui s'arrêtent au fond.*)

SCÈNE II.

BERNARD, JAILLOU, CLAUDINE.

BERNARD, *à part, marchant avec agitation.*

L'avis que j'ai reçu de M. de Coigny était donc fondé !... Comment ! ce maudit Samuel ne s'est pas contenté de me mettre à la porte... par la fenêtre !... Il a fallu qu'il obtînt, qu'il achetât une lettre de cachet contre moi !...

JAILLOU, *bas, à Claudine, au fond.*

Là ! le v'là encore en train de faire des verses !...

BERNARD.

Mais comment a-t-il su que j'étais ici, à Noisy-le-Sec ?... Aurait-il fait suivre la charrette de légumes dont je faisais partie ?...

JAILLOU.

Mon Dieu ! que c'est donc bête; un homme qui fait des verses !...

BERNARD, *à part.*

Peut-être est-il temps encore... Tâchons de m'informer adroitement...

JAILLOU.

Vous vous en sauvez ?... Ah çà, mais c'est comme si vous n'étiez pas de la noce...

BERNARD, *courant.*

C'est que je n'y suis pas non plus ! (*Il sort au fond.*)

SCÈNE III.

CLAUDINE, JAILLOU.

JAILLOU.

Eh bien ! y s'en va du côté de l'étang !... (*Criant.*) Pas par là, donc !... Ah ! bon oui ! le v'là qui court plus fort... Dieu ! qu'il a peu de moyens !...

CLAUDINE.

Eh ben ! t'as beau dire, Jaillou... je le trouve gentil.

JAILLOU.

Tu le trouves gentil ?... Moi, je ne le trouve que Bernard... Il est d'un bête !... oh ! mais, d'un bête cramoisi !...

CLAUDINE.

Le fait est qu'il n'est pas malin...

JAILLOU.

Et puis, pour agacer les femmes... hein ?... est-il maladroit pour agacer !...

CLAUDINE.

C'est vrai qu'on dirait qu'il a peur d'y toucher.

JAILLOU.

Jarnombille !... que ne m'a-t-il vu, quand je te faisais la cour !...

CLAUDINE

Oh ! toi, tu agaces trop...

JAILLOU.

J'agace dru !

CLAUDINE.

Témoin c'te belle dame de Paris, qui est tombée de son âne en se promenant par ici.

JAILLOU.

Eh ben ? de quoi ?... je l'ai secourue, c'te femme...

CLAUDINE.

Et c'est pour ça qu'on t'a surpris l'embrassant derrière les amandiers ?

JAILLOU.

Non... je l'ai embrassée derrière le cou... pour la consoler... Elle s'était foulé le pied, et elle pleurait... Dame !... ça s'comprend, une danseuse.

CLAUDINE, *riant.*

Oui, t'as cru ça, toi ?... t'as cru qu'une danseuse de l'Opéra viendrait se promener à Noisy-le-Sec ?... ha ! ha ! ha !

JAILLOU, *à part.*

Si tu savais qu'elle m'a donné un billet d'Opéra pour quand j'irai à Paris !... (*Soupirant.*) Paris !... ah !...

CLAUDINE.

Vous soupirez ?... Vous pensez à c'te dame !...

JAILLOU.

Du tout, par exemple !... je pense à toi... (*A part.*) Vil imposteur !... (*Haut, en lui pressant la taille.*) A la vertu, qui me résiste avec un acharnement !... (*Tirant sa montre et regardant l'heure à la dérobée, tout en tenant Claudine par la taille.*) Mais j'ai l'espoir que ça ne durera pas...

CLAUDINE.

Veux-tu bien finir !...

JAILLOU.

AIR : *De Léocadie.*

Mari
Chéri,
Il faut que j'attrape
Un doux baiser
Pour t'apprivoiser !

CLAUDINE.

Jamais !

JAILLOU, *l'embrassant.*

Ah ! mais !

CLAUDINE.

Finis ! ou ben j'tape !

JAILLOU, *l'embrassant encore.*

Eh v'lan !

CLAUDINE, *lui donnant un coup de poing.*

Eh ! pan !

JAILLOU, *le lui rendant.*

A mon tour maint'nant !
(*Avec passion.*)
Cède à ma prière,
Et laisse-toi faire !
Rappelle-toi, ma chère,
Ces mots du bailli :
En tout' circonstance,
Une femme en France
Doit obéissance
A son p'tit mari.

CLAUDINE.

Espoir !
Ce soir,
Je verrai, p'tit homme,
Si ce baiser
Peut s'autoriser.

JAILLOU.

Quoi ! rien ?.
Très-bien !...
Mais tu verras comme
Je me veng'rai
De cet arriéré !

CLAUDINE.

Se venger ! qu'entends-je ?
Quel propos étrange !

JAILLOU.

Oui, mon petit ange,
Oui, mon chérubin.

CLAUDINE.

Se venger !...

JAILLOU.

Ma chère,
Ton mari l'espère...

CLAUDINE.

Mais de quell' manière ?...

JAILLOU.

Tu l'sauras demain.
Mari

Chéri,
Il faut que j'attrape
Un doux baiser
Pour t'apprivoiser.
CLAUDINE.
Jamais !
JAILLOU.
Ah ! mais !
CLAUDINE.
Finis ! ou ben j'tape !
Eh ! v'lan !
JAILLOU, *tapant plus fort.*
Eh ! pan !
CLAUDINE.
Qu'il est agaçant !
JAILLOU, *donnant à Claudine un grand coup de poing.*
Tiens ! v'là comme on punit les désobéissantes...
CLAUDINE.
Oh ! que c'est bête !

SCÈNE IV.

LES MÊMES, BERNARD*.

BERNARD, *intervenant et donnant un coup de pied à Jaillou.*
Eh ! bien, manant !... eh ! bien maraud !
JAILLOU, *reculant.*
Voulez-vous finir, eh ! vous !...
BERNARD, *le bousculant.*
De pareilles brutalités !...
CLAUDINE, *riant.*
Ça, des brutalités !...
JAILLOU.
Ah ! des brutalités !...
CLAUDINE.
Mais, au contraire, chez nous, c'est des attentions...
JAILLOU.
Des gentillesses...
CLAUDINE.
Il n'y a pas d'autre manière de déclarer sa flamme.
BERNARD.
Vraiment ?...
JAILLOU.
Y n' savait pas ça !... Ah ! il est trop bête !
(*Il prend le bras de Claudine et remonte avec elle.*)
BERNARD.
C'est bien... je m'en souviendrai en temps et lieu... (*A part se promenant avec agitation.*) Je m'en souviendrai... à la Bastille !... car ce sont bien des figures d'exempts, des mines d'estafiers que j'ai aperçues chez le bailli... Et pas moyen de fuir !... cerné !...
JAILLOU *à Claudine.*
Il rumine encore !... (*Haut*.) Mais pour Dieu ! tâchez donc de vous dégourdir... Tenez !... on danse là-bas... venez avec moi, nous ferons des farces... Tâchez d'en trouver une bonne... qui fasse rire.
BERNARD, *le regardant, et tout à coup.*
Oh ! quelle idée !...
JAILLOU.
Vous avez une idée ?...
BERNARD.
Attends ! attends !
JAILLOU **.
Il a une idée... ça ne doit pas être fort.
BERNARD.
Écoute !
JAILLOU.
J'écoute !
BERNARD.
Quand j'ai quitté Paris... par la fenêtre... tu sais ?... c'était pour échapper à un mariage ordonné par mon oncle.
JAILLOU.
Tiens ! vous disiez que c'étaient des brigands qui attaquaient une jeune fille... dans un salon ?
BERNARD.
Précisément... la jeune fille... que mon oncle veut me faire épouser... et je ne suis resté huit jours à Noisy-le-Sec, que pour échapper à ce mariage.
JAILLOU.
Vous n'aimez donc pas votre prétendue ?
BERNARD.
Je la déteste.
JAILLOU.
Mais tout ça, c'est pas une farce... vous ne me faites pas rire... je ne ris pas.
BERNARD.
Écoute donc !... Tu m'as vu recevoir un message tantôt.
JAILLOU.
Oui.
BERNARD.
Ce message m'apprend que mon oncle a découvert ma retraite...
CLAUDINE.
Bah !
BERNARD.
Et qu'il vient d'obtenir du roi l'ordre de me faire reconduire à Paris...
JAILLOU.
A Paris ?... (*Soupirant.*) Ah !...
BERNARD.
Eh bien ! si tu veux, c'est à mon oncle que nous allons faire une bonne farce.
JAILLOU.
Une bonne farce !... j'en suis !
BERNARD.
Si tu veux, je me charge de te faire voir Paris.
JAILLOU.
A moi ?
BERNARD.
Je t'y ferai conduire...
JAILLOU.
Comment ?
BERNARD.
En carrosse...
JAILLOU.
En carrosse !...
BERNARD.
Aujourd'hui même.
CLAUDINE.
Par exemple !...
JAILLOU.
Oh ! non, je ne peux pas, à cause de ma femme... mais, demain...
BERNARD.
Demain, il serait trop tard... le carrosse va venir ; il sera peut-être ici dans une heure.
JAILLOU.
Ah ! jarnombille !...
BERNARD.
Songe que c'est une occasion qui ne se retrouvera plus...
JAILLOU.
C'est vrai, l'occasion ne se retrouvera plus... tandis qu'une femme, ça se retrouve toujours.
CLAUDINE *.
Comment ! monsieur ?
JAILLOU.
Femme, je t'en supplie, ne t'oppose pas à mon bonheur !
CLAUDINE.
Ah ! c'est trop fort ! (*Elle va s'asseoir avec dépit.*)
JAILLOU, *à part.*
Paris !... l'Opéra !... ma jolie danseuse !... (*Haut.*) Vite en carrosse !
CLAUDINE, *se levant furieuse.*
Non !... tu ne partiras pas !... je vas chercher ma tante Caillot, et nous verrons !... nous verrons !...

AIR :
Car, c'est par trop m'offenser !
Mais j'aurai du caractère !
A rester près d' moi, j'espère
Que j' saurai bien vous forcer !
(*Elle veut sortir, Bernard la suit et l'arrête.*)
JAILLOU, *à lui-même.*
J'vas donc voir les beaux monuments
Dont notre capitale brille !...
Et mêm', s'il me reste un peu d'temps,
Je pouss'rai jusqu'à la Bastille.

(*Parlé, à Bernard.*) Mais croyez-vous qu'on m'y laisse entrer ?
BERNARD.
J'en suis sûr.
JAILLOU.
Ah ! vous me comblez !

REPRISE, ENSEMBLE.
Eh ! vite ! il faut nous presser !
Que votre amitié m'éclaire
Sur ce que je devrai faire
Afin de vous remplacer.
BERNARD.
Eh ! vite ! il faut nous presser !

Car il faut que je t'éclaire
Sur ce que tu devras faire
Si tu veux me remplacer.
(*Claudine échappe à Bernard et sort à droite, au fond.*)

SCÈNE V.

BERNARD, JAILLOU.

JAILLOU.

Allons! partons!

BERNARD, *qui a fermé les deux battants du portail.*

Un moment!... il faut auparavant que tu prennes mes habits et que tu me donnes les tiens.

JAILLOU.

Pourquoi faire?

BERNARD.

Pour la farce que je veux faire à mon oncle... L'homme qui vient me chercher de sa part est un ami de ma famille qui ne me connaît pas... Tu lui diras : Je suis Gentil-Bernard... Il te dira : « Au nom du roi, je vous arrête... » Et il te fera traverser Paris en carrosse.

JAILLOU.

Ah! que c'est bien!... Ah! pour le coup, je suis obligé de convenir que voilà une bonne farce.

BERNARD.

Allons! à notre toilette!... habit pour habit!

JAILLOU.

Mon habit de noce?... que je réserve pour si je me remarie?... Jamais!... je vas vous donner mon autre veste des dimanches.

BERNARD, *retirant son habit.*

Allons! vite!... et rappelle-toi bien que tu es Gentil-Bernard... Tu es mon maître, et moi je ne suis plus qu'un manant. (*Il lui jette son habit.*)

JAILLOU.

C'est ça, vous êtes moi et je suis vous.

BERNARD.

Je dois t'obéir, être ton domestique... Va me chercher ta veste.

JAILLOU.

Hein?... plaît-il?

BERNARD.

Mais va donc, maraud!...

JAILLOU.

Je ne comprends plus... c'est égal. (*Il entre dans la maison pour chercher la veste.*)

BERNARD.

Je suis sur des charbons!...

JAILLOU.

Voilà la veste demandée.

BERNARD, *pendant qu'il s'arrange.*

Allons donc, la tête haute!... quand on est maître...

JAILLOU.

C'est vrai, j'oublie toujours que je suis maître.

BERNARD.

Va me chercher ton chapeau...

JAILLOU, *rentrant dans la maison et apportant le chapeau.*

Voilà, voilà!

BERNARD.

Allons donc!... de la noblesse!...

JAILLOU.

C'est vrai!... quand on est maître...

BERNARD.

Va me chercher ton bouquet.

JAILLOU, *même jeu.*

Voilà, voilà!... (*A part.*) Crédié! que l'état de maître est fatigant!

SCÈNE VI.

LES MÊMES, CLAUDINE.

CLAUDINE.

Ah! ben!... en v'là une d'histoire!

BERNARD.

Quoi donc!...

CLAUDINE.

Le bailli qui vient de renvoyer toute la noce!...

JAILLOU.

De la renvoyer?...

CLAUDINE.

Il a dit qu'on ne danserait pas d'aujourd'hui... que chacun ait à se retirer chez soi... Queu qu'ça peut vouloir dire?...

BERNARD, *a part.*

Plus de doute!... c'étaient mes gens!...

JAILLOU.

Mais ça me va! ça me va très-bien! je suis libre comme l'air!

BERNARD.

Dépêche-toi d'achever ta toilette... et surtout, quand on t'interrogera, parle le moins possible.

JAILLOU.

Une idée!... je dirai que j'ai mal aux dents... Vous verrez comme je ferai le grand seigneur... (*S'arrêtant.*) Mais vous, saurez-vous bien faire le paysan?...

BERNARD, *regardant Claudine.*

J'essayerai.

JAILLOU.

Et puis, ma femme vous aidera... (*A Claudine*.) Hein! aide-le à faire le paysan.

CLAUDINE, *baissant les yeux.*

J'essayerai.

JAILLOU, *à part, regardant Bernard.*

Et dire que c'est pour rester au village!... Jobard de Parisien, va!... (*Il entre dans la maison.*)

SCÈNE VII.

BERNARD, CLAUDINE.

BERNARD.

Pourvu qu'il ait le temps de s'habiller!...

CLAUDINE.

Ah!...

BERNARD.

Vous soupirez, Claudine?...

CLAUDINE.

Écoutez donc... une séparation, un jour de noce!... un quasi-veuvage!...

BERNARD, *prenant le ton de paysan.*

Faut vous remarier.

CLAUDINE.

Est-ce que ça se peut!... et, d'ailleurs, avec qui?

BERNARD, *d'une grosse voix.*

Qu' t'es bête, Claudine!... est-ce que je ne suis pas là, moi?...

CLAUDINE, *ébahie.*

Vous?

BERNARD, *la poussant, à la manière des paysans.*

Farceuse de Claudine, va!

CLAUDINE.

Tiens!... il m'agace!...

BERNARD.

J'en ai le droit...

CLAUDINE.

Par exemple!...

BERNARD, *riant bêtement.*

Hé! hé! hé! est-ce que je ne suis pas Jaillou?

CLAUDINE.

Tiens! c'est juste!

BERNARD.

Est-ce que ton mari ne t'a pas ordonné de m'aider à faire le paysan?...

CLAUDINE.

C'est ma fine vrai!

BERNARD.

Et puis, est-ce qu'il ne faut pas détourner les soupçons, da?

CLAUDINE.

Mais il ne passe personne.

BERNARD.

Il pourrait passer quelqu'un... (*Lui donnant une tape.*) Tiens v'là ton attaque.

AIR : *Viv' la joie et les pomm's de terre.* (Béra<i>t</i>.)

Ne crains rien, et laisse-moi faire;
C'est un' leçon que j'te prends, que j'te dis :
J'veux, Claudine, apprendr' la manière
De fair' l'amour à la mod' du pays.
Plus d'beau langage,
Puisqu'au village
Tout l'art d'aimer
C'est d's'assommer;
Ici, voilà tout l'art d'aimer!
(*Lui donnant des tapes.*)
Eh! lon, lan, la!
En avant les bourrades,
Les grands coups d' poings, les grosses embrassades!
Tu croiras qu' ton homme est encor là.
Eh! lon, lan, la!
Pendant l' temps qu'il voyage,
Faut bien qu' quelqu'un fass' pour lui le ménage :
Ç' s'ra toujours ça de f   quand il r'viendra.

La ri ra !
Est-c' là tout ?
CLAUDINE.
Dam', je le pense.
BERNARD.
Des bonn's tap's, ça fait plaisir...
CLAUDINE.
C'est par là que l'on commence...
BERNARD.
Mais faut autr' chos' pour finir.
Laiss' moi prendr' sur ton visage
Un gros baiser...
CLAUDINE.
Halte-là !
Un baiser !...
BERNARD.
Non... au village,
On en prend beaucoup plus qu' ça.
(*Il lui saisit la tête et l'embrasse à plusieurs reprises, à la manière des paysans.*)
Tiens ! voilà comme ça se joue.
CLAUDINE.
Mon Dieu ! c'est-il étonnant !
A peine il touchait ma joue,
Et maint'nant...
BERNARD.
J' fais l' paysan.
ENSEMBLE.
BERNARD.
Ne crains rien, etc.
CLAUDINE.
N' craignons rien, etc.
JAILLOU, *en dehors.*
Monsieur Bernard !... monsieur Bernard !...
BERNARD.
Ah ! le malheureux !... Veux-tu bien te taire !

SCÈNE VIII.

BERNARD, CLAUDINE, JAILLOU. (*Jaillou paraît, revêtu du costume de Gentil-Bernard, et tenant une épée.*)

BERNARD.
As-tu donc déjà oublié que c'est toi qui es Bernard ?...
Bernard, soit... mais je ne puis pourtant pas me demander à moi-même si l'épée se porte à droite ou à gauche...
BERNARD.
Attends, je vais te l'attacher... (*Il serre avec force la veste de Jaillou.*)
JAILLOU.
Eh ! vous m'étouffez !...
BERNARD, *qui a attaché l'épée.*
Là, voilà ce que c'est...
JAILLOU, *serré dans sa veste.*
Ah ! je comprends la position précaire des saucissons de Lyon !
(*Bruit de voiture.*)
BERNARD.
Ciel ! ce bruit !... (*Un carrosse paraît au fond, derrière le portail, et on n'en voit d'abord que la partie supérieure.—Les gens de la noce accourent et regardent avec curiosité par-dessus la clôture.*)
Jaillou !... c'est ton carrosse qui vient te chercher !
JAILLOU.
Mon carrosse !... quel bonheur !...
LES PAYSANS, *se retournant et le voyant revêtu des habits de Bernard.*
Jaillou !...
BERNARD.
Chut !... mes amis !... ne me trahissez pas !.. c'est une farce, nous allons rire !
TOUS.
Une farce ?...
JAILLOU.
Silence !... (*Les paysans s'écartent, on ouvre le portail et un exempt descend du carrosse.*)
BERNARD.
Songe à ton rôle !
JAILLOU.
Soyez tranquille !...

SCÈNE IX.

LES MÊMES, L'EXEMPT.

L'EXEMPT, *à part, voyant Jaillou.*
Ce jeune seigneur... ce doit être lui. (*S'adressant à Jaillou.*) C'est à M. Gentil-Bernard que j'ai l'honneur de parler ?

JAILLOU.
Hein ?...
L'EXEMPT.
C'est à M. Gentil...
JAILLOU.
Ah ! oui, oui, c'est moi.
L'EXEMPT.
Au nom du roi, je vous arrête !
JAILLOU.
Je le savais... vous direz bien des choses de ma part à mor monarque.
L'EXEMPT.
Veuillez me suivre.
JAILLOU, *à part.*
Ah ! je vais donc voir la porte Saint-Denis !... (*Il fait quelques pas, puis s'arrête, et s'adressant d'un ton de grand seigneur à Bernard, qui tient le bras de Claudine.*) Manant, j'aime ta femme... tu m'entends ?... j'aime ta femme... je suis forcé de partir... mais si j'apprenais qu'en mon absence !... En un mot, je te défends de l'aimer. (*Montant dans le carrosse.*) Adieu, vilains ! adieu, manants ! adieu, valetaille !... (*Passant sa tête par la portière, pendant que le carrosse se met en mouvement.*) Claudine !... e vous ordonne de coucher chez votre tante Caillot !

CHOEUR, *pendant que le carrosse s'éloigne.*

AIR : *Dépêchons-nous* (*l'Enfant du carnaval.*)
O ciel ! ô ciel ! quelle étrange aventure !
Jamais, je l' jure,
On n' vit tel événement !
Jamais, jamais, le village, vraim...,
Ne vit pareil événement.
(*Claudine s'est laissée tomber sur une chaise ; Bernard et quelques femmes l'entourent, pendant que les paysans suivent des yeux le carrosse.*)

ACTE V.

LA FILLE D'OPÉRA.

Un boudoir chez mademoiselle Sallé.—Pans coupés.—Porte d'entrée au fond.—Petites portes latérales; au premier plan, dans la tapisserie.—Aux deux angles, deux fenêtres avec rideaux, dont l'une (celle de gauche) ouvre sur un balcon.—Deux grandes armoires de Boule, au fond, de chaque côté de la porte : celle du côté droit est à panneaux pleins ; l'autre laisse voir sous un vitrage des poteries, des porcelaines et autres objets de curiosité. Des flambeaux allumés et une sonnette sur une console, à gauche. — NOTA. Les deux portes latérales et les fenêtres doivent s'ouvrir sur le théâtre.

SCÈNE I.

JASPIN, puis CARLINE.

JASPIN, *endormi dans un fauteuil, à gauche, laissant tomber sa tête et s'éveillant en sursaut.*
Hé !... je m'endormais, je crois... (*Consultant sa montre.*) Dix heures !... Ces ballets qu'on fait aujourd'hui sont d'une longueur !... ils n'en finissent pas !... (*Plus bas.*) Si l'on me surprenait, moi, un homme de robe, dans le boudoir de Sallé !... Si ma femme...

CARLINE, *accourant, tout effarée.*
Alerte !...
JASPIN, *effrayé et se levant.*
Qu'y a-t-il ?
CARLINE.
Quelqu'un !...
JASPIN.
Ma femme !
CARLINE.
Non...
JASPIN.
Qui donc ?...
CARLINE.
Je ne le connais pas !...
JASPIN.
Où me cacher ?
CARLINE, *montrant la petite porte à gauche.*
Là !
JASPIN.
Qu'est-ce que c'est ?...
CARLINE.
Un cabinet !
JASPIN.
Bon ! (*Il y entre.*)

CARLINE.
Dès que mademoiselle rentrera...
JASPIN, *sur le seuil.*
Le signal?...
CARLINE.
Un grand coup de sonnette!
JASPIN.
Adieu! (*Il disparaît, et elle pousse la porte.*)

SCÈNE II.

CARLINE, puis BERNARD.

CARLINE.
Ha! ha! ha! Pauvre vieux! a-t-il eu peur!... (*Cessant de rire.*) Chut!... j'entends l'autre!... ayons l'air de dormir, pour qu'il ne se doute pas... (*Elle se met sur le fauteuil et feint de dormir.*)
BERNARD, *paraissant au fond.*
M'y voici!... (*Regardant autour de lui.*) Oui, c'est bien ici... je reconnais le boudoir à la quittance!... (*Se découvrant:*) Salut, murs discrets, témoins de ma première... bêtise. (*Voyant Carline endormie et la regardant.*) Eh! mais!... je te reconnais aussi, toi, petite!... autre témoin de ma première... Ah! parbleu!... je vais lui prouver que j'ai fait quelques progrès... (*Il s'approche doucement et la baise sur le front.*)
CARLINE, *feignant de s'éveiller.*
Eh bien!... vous ne vous gênez pas, mon petit monsieur!
BERNARD.
Ton petit monsieur ne se gêne jamais... (*L'interrogeant.*) Mademoiselle Sallé?
CARLINE, *le regardant.*
Ah! bah!... attendez donc!... plus je vous regarde...
BERNARD.
On te demande mademoiselle Sallé?
CARLINE, *à part.*
C'est lui, bien sûr! (*Haut.*) Elle est encore à l'Opéra, où elle danse.. D'ailleurs, elle ne m'a pas parlé de vous, monsieur... Ainsi.. (*Elle lui montre la porte.*) Allons, allons!...
BERNARD.
Connais-tu son écriture?... (*Il lui présente une lettre.*) Tu vois, je suis parfaitement en règle... Ainsi... (*Lui montrant à son tour la porte.*) Allons, allons!...
CARLINE.
Par exemple!...
BERNARD, *l'embrassant.*
Je te dis de t'en aller.
CARLINE.
Mais, monsieur!...
BERNARD, *même jeu.*
Je t'ordonne de t'en aller.
CARLINE.
Ah! mais, à la fin!...
BERNARD.
J'exige que tu t'en ailles... (*Il court après elle pour l'embrasser une troisième fois.*)
CARLINE, *se sauvant.*
Monsieur!... monsieur!... V'lan!... (*Elle sort par le fond et lui ferme la porte au nez.*)
BERNARD.
J'étais sûr qu'elle s'en irait.

SCÈNE III.

BERNARD, *seul, se jetant sur un fauteuil, à droite, et relisant la lettre qu'il tenait.*

« Monsieur le poëte, vous êtes un paltoquet... » Merci, danseuse!... (*Continuant.*) « Depuis votre retour de Noisy-le-Sec à Paris, vous vous êtes permis de raconter, dans tous les salons, et « contrairement à vos promesses, l'aventure de la quittance... ce « qui m'a rendue la fable de la cour, de la ville et de l'Opéra... Or, on « sait que Sallé aime bien et châtie bien... Pour préluder... j'ai dit « partout que vous n'étiez qu'un poëte, qui chantez l'amour en vers, « sans le connaître en prose... » Ah! ceci, tu me le payeras!...(*Continuant.*) « Ce n'est là que le commencement de ma vengeance... « et pour le compléter, pour qu'elle soit terrible, je vous ac« corde le rendez-vous que vous avez eu l'effronterie de me de« mander... » A la bonne heure! voilà une jolie vengeance... (*Continuant.*) « Je pousserai la bonté jusqu'à me parer de cette « robe de moire jaune, qui est un nouveau gage, ou de votre ga« lanterie ou de votre impertinence. Venez à onze heures, je « vous attend. » (*Pliant sa lettre et se levant.*) On m'attend... pour me mettre gentiment à la porte, en me riant au nez... n'est-ce pas, chère drôlesse?... Eh bien! nous changerons ce plan-là...

(*A lui-même.*) J'ai devancé d'une heure le rendez-vous... et il ne faut pas qu'elle me trouve ici... Laissons-lui le temps de rentrer, de congédier ses femmes... et quand elle sera seule, absolument seule... Eh! bien .. elle ne sera plus seule... (*Cherchant autour de lui.*) Où diable pourrai-je... Ah! cette petite porte... un cabinet sans doute... voilà mon gîte... (*Il ouvre la petite porte à gauche; mais elle se referme aussitôt, tirée dans l'autre sens par Jaspin, dont on ne voit que le bras : ce jeu se répète plusieurs fois.*) Eh bien?... eh bien?... est-ce qu'il y a déjà quelqu'un?... nous sommes deux ici!... (*Traversant le théâtre, en riant.*) Ah! ah! ah!... c'est plus drôle... j'aime mieux ça... Logeons-nous par ici, en face... (*Il ouvre la petite porte à droite ; mais elle est retenue par un bras couvert d'une manche brodée, et. elle est successivement tirée et retirée comme la porte à gauche.*) Hein?...plaît-il?... encore un bras?... nous sommes donc trois, à présent?... Ah çà mais, il faut que je me fourre quelque part, aussi, moi... (*Apercevant l'armoire.*) Vivat!... voilà mon affaire... Je serai le mieux logé des trois...mais bah!... (*Il essaye d'ouvrir la porte de l'armoire... même jeu que pour les deux portes des cabinets.*) Pas possible!... le diable m'emporte! nous sommes quatre!... Sarpejeu! comme ce boudoir est peuplé!... Elle en a fourré partout, la malheureuse!... Et moi?... elle aurait dû me garder une petite place... Il faut donc que je me rejette sur le balcon, malgré le froid et la neige?... (*Allant au balcon.*) Voilà ce que c'est que de venir le dernier, quand il y a foule... on est forcé de... (*Il veut ouvrir la fenêtre du balcon à gauche et rencontre la même résistance que plus haut. — Eclatant.*) Il ne manquait plus que ça!... il y en a jusque sur le balcon!... Bien, très-bien!... allez donc!... un, deux, trois, quatre!... et moi, au milieu!... Je joue ici un joli personnage!... ah! ah! ah!... Et j'attendais Sallé pour étudier l'art d'aimer chez la fille d'Opéra!... Pardieu! l'étude est faite... L'amour multiplié par quatre, plus un petit au milieu... voilà la définition... ah! ah! ah! (*Il est interrompu par un bruit de voiture. — Musique à l'orchestre.*) Ah! diable!... ce carrosse!... c'est Sallé qui rentre!... Ma foi, je ne vois ici que ce rideau qui ne soit pas habité... à moi, le rideau!... (*Il fait tomber sur lui le rideau de la fenêtre à droite, et disparaît.*)

SCÈNE IV.

MADEMOISELLE SALLÉ, *en robe de moire jaune,* CARLINE
(*Toute cette scène doit être dite à demi-voix.*)

MADEMOISELLE SALLÉ, *entrant et jetant sa pelisse.*
Eh bien! Carline?...
CARLINE.
Tous.
MADEMOISELLE SALLÉ.
Tous les quatre?
CARLINE, *étonnée.*
Comment! quatre?
MADEMOISELLE SALLÉ.
Mais, sans doute... et ils sont?...
CARLINE, *montrant les quatre cachettes.*
Là... là... là... et là.
MADEMOISELLE SALLÉ, *riant.*
Cachés?...
CARLINE, *riant aussi.*
Je crois bien! le premier s'est sauvé, en entendant le second... le second, en entendant le...
MADEMOISELLE SALLÉ.
Le troisième... et ainsi de suite... je l'avais prévu... Et le signal?
CARLINE.
Comme mademoiselle l'avait dit, un grand coup de sonnette... (*A part, pendant que Sallé va prendre la sonnette sur la console.*) Ah çà, où a donc passé le cinquième?... il n'y avait pourtant plus de place.
MADEMOISELLE SALLÉ.
Vite!... avant que Gentil-Bernard ne se présente... j'ai encore presque une heure... (*Elle sonne.*)

SCÈNE V.

LES MÊMES, SAMUEL BERNARD, JASPIN, LATULIPE, JAILLOU. *Au coup de sonnette, les trois portes et la fenêtre du balcon s'ouvrent en même temps, et on voit paraître à la fois, Samuel, Jaspin, Latulipe et Jaillou. — Samuel et Jaspin sortant des deux cabinets, Latulipe de l'armoire et Jaillou du balcon.*

TOUS.
Que vois-je?

ENSEMBLE.

Air : *Pondu, pondu.*

O ciel! ô ciel... un! deux! et trois!...

Qu'est-ce donc que je vois!
Quatre amants à la fois!...
Ah! c'est infâme! ah! c'est affreux!
Je le vois, en ces lieux,
Nous sommes l'objet d'un complot odieux!
(Ils s'approchent, avec colère, de mademoiselle Sallé)

MADEMOISELLE SALLÉ, *froidement.*
Un, deux, trois, quatre... mon compte y est... Messieurs, donnez-vous la peine de vous asseoir. (*Carline place trois sièges au milieu et sort.*)

SAMUEL, *furieux.*
Ah çà, mademoiselle, nous expliquerez-vous...

MADEMOISELLE SALLÉ, *sans l'écouter.*
A droite, la finance et la robe... à gauche, le tiers état... et l'Opéra au milieu, pour ménager la transition.

JASPIN, *en colère.*
Mais, ma toute belle!...

LATULIPE, *de même.*
Mais, madame la Sallé!...

JAILLOU.
Nous aimerions à comprendre un peu...

MADEMOISELLE SALLÉ.
Pourquoi je vous ai fait venir, fait surprendre et fait cacher... séparément...

TOUS.
Oui! (*Ils s'asseyent.*)

MADEMOISELLE SALLÉ, *au milieu.*
Je vous ai réunis... parce que votre cause est commune... et je vous ai séparés... parce que vous auriez pu vous ennuyer dans votre société... (*Mouvement général. — Bas à Samuel.*) Je dis ça, à cause du côté gauche... (*Bas à Jaillou.*) C'est pour le côté droit, ce que j'en dis.

TOUS.
C'est bien... mais!...

MADEMOISELLE SALLÉ.
J'arrive au fait... Vous, d'abord, mon cher Latulipe, n'avez-vous aucun grief contre monsieur Gentil-Bernard?

LATULIPE.
Moi?... oh! un petit grief de rien... un coup de sabre qu'il m'avait promis en partant pour l'armée... et qu'il m'a tenu... c'est-à-dire, que j'ai tenu, le lendemain de la bataille...

MADEMOISELLE SALLÉ.
Ce qui ne vous a pas empêché d'épouser la belle Fanchon.

LATULIPE, *se levant.*
Non, pardien!... le petit s'était vanté... Fanchon me l'a juré, sur ma tête. (*Il se rassied.*)

MADEMOISELLE SALLÉ, *à part, le regardant avec compassion.*
Un homme si spirituel, avant son malheur!... (*Haut.*) A vous, Jaillou... avez-vous à vous plaindre de lui?

JAILLOU, *voulant se lever, mais retenu par Latulipe.*
Oh! ça, mamzelle!... aussi vrai que je vous ai embrassée à Noisy-le-Sec, le jour où vous êtes tombée de votre âne...

SAMUEL.
Comment! Sallé, ce rustre...

MADEMOISELLE SALLÉ.
Dame... j'étais tombée d'un âne...

LATULIPE.
Et l'autre s'est trouvé là.

JAILLOU.
Voilà.

MADEMOISELLE SALLÉ, *à Jaillou.*
Et qu'avez-vous à reprocher à Gentil-Bernard?

JAILLOU.
AIR : *De Calpigi.*

C'était donc le jour de ma noce :
On me fait monter en carrosse...
Quel plaisir d'aller à Paris!...
Je chante, je pleure, je ris...
Comme je vais être surpris!...
Nous arrivons à la Bastille;
De la voir... en dehors!... je grille...
Jugez d' l'effroi que je ressens!...
On me l'a fait voir en dedans!
J'ai vu la Bastille en dedans!

SAMUEL, *à part, avec dépit.*
Voilà comme l'autre m'a échappé!...

JASPIN.
Et comment es-tu sorti de là?...

JAILLOU.
Ah! je vas vous dire... Le maître de la maison m'a interrogé, m'a fait causer, et puis il a dit : « Renvoyez-le... ce n'est pas Gentil-Bernard... il est trop bête... » Quelle bêtise!... si ça avait été lui, qui est moins bête que moi, on l'aurait gardé en prison. J'ai donc été moins bête que lui.

SAMUEL.

Ah çà, vertubleu! la belle, qu'est-ce que tout cela nous fait?..

JASPIN.
Oui!... pourquoi nous faire assister aux confidences de ces messieurs?...

MADEMOISELLE SALLÉ.
Pourquoi?... parce que l'infortune conjugale rapproche les distances, que tous les maris sont égaux devant le ridicule... et que l'égalité la plus parfaite règne entre vous.

JASPIN, *se levant.*
Plaît-il?...

SAMUEL, *de même.*
Qu'est-ce à dire?...

LATULIPE, *de même.*
Sallé!...

JAILLOU, *imitant Latulipe.*
Sallé!...

MADEMOISELLE SALLÉ, *s'animant.*
Cela veut dire qu'un petit fat, qu'un petit impertinent... un r! mailleur... s'est vanté... quatre fois!...

AIR : *L'amour qu'Edmond a dû me taire.*

Il a dit que la procureuse
Était dévote et péchait en secret...

JASPIN, *parlé.*
Corbleu!...

MADEMOISELLE SALLÉ.
Il ajouta que Fanchon, plus joyeuse,
Était charmante à l'ombre d'un bosquet...

LATULIPE, *parlé.*
Nom d'une pipe!...

MADEMOISELLE SALLÉ.
Il compromit madame de Sombreuse...

SAMUEL, *parlé.*
Ventrebleu!...

MADEMOISELLE SALLÉ.
Et de Claudine il se dit l'amoureux...

JAILLOU, *parlé.*
Jarnombille!...

MADEMOISELLE SALLÉ.
Puis, vint le tour de Sallé la danseuse...

TOUS, *parlé.*
Oh! pour celle-là!...

MADEMOISELLE SALLÉ.
(*Parlé.*) Celle-là?...

C'est la vertu dont je réponds le mieux.
Oui, la vertu de Sallé la danseuse
Est celle encor dont je réponds le mieux.

TOUS, *furieux.*
Oh! l'infâme!...

MADEMOISELLE SALLÉ.
Il s'agit de vous venger tous!... et moi un peu, par-dessus le marché.

LATULIPE.
Nous venger?...

SAMUEL.
Quand?...

JASPIN.
Comment?...

JAILLOU, *criant.*
Quand et comment?...

MADEMOISELLE SALLÉ.
Notre ennemi sera ici dans une heure... revenez dans une heure, et je le livre à votre vengeance!

TOUS, *remontant.*
Très-bien!

MADEMOISELLE SALLÉ, *vivement.*
Qui ira jusqu'où je voudrai!... (*A part.*) Il aura plus de peur que de mal... mais il aura bien peur!

SAMUEL.
Oh! cette fois, s'il échappe à la Bastille!... Je cours chez le lieutenant de police...

JASPIN.
Moi, au Châtelet!... vite, un bon procès en calomnie!...

LATULIPE.
Moi, je me prédispose à le découper en plusieurs morceaux!...

JAILLOU.
J'en retiens un!... Je ne dis pas ce que je m'en vais faire, parce que je n'en sais rien... mais je vais chercher quelque chose de féroce!...

MADEMOISELLE SALLÉ, *riant.*
N'oubliez pas, dans une heure!... soyez exacts!... car je ne sais pas trop à quel prix je pourrais le retenir.

TOUS.

Partons !...
ENSEMBLE.
Air : *Quadrille du Petit Poucet.*
C'est l'instant de la vengeance!
Il faut punir l'insolence
De celui qui nous offense.
On verra
S'il en rira !

(*Ils sortent par le fond.*)

SCÈNE VI.
MADEMOISELLE SALLÉ, BERNARD.

MADEMOISELLE SALLÉ, *se croyant seule.*
Bien... les voilà tous mis en liberté...
BERNARD, *passant la tête à travers les rideaux.*
Pardon... vous en oubliez un petit.
MADEMOISELLE SALLÉ, *effrayée.*
Ciel !... un cinquième !...
BERNARD.
Oh ! quand il y en a pour quatre, il y en a assez pour...
MADEMOISELLE SALLÉ.
Gentil-Bernard !... Et vous étiez là !... et vous avez entendu?...
BERNARD, *reparaissant.*
Tout !... Voilà donc votre vengeance !... me mettre quatre maris sur les bras !... Eh bien ! je les prends et vous le pardonne... (*Avec rage.*) Mais, ce que je ne vous pardonnerai jamais !...
MADEMOISELLE SALLÉ, *riant.*
C'est d'avoir dit que vous étiez un fat... et que toutes vos bonnes fortunes étaient... des licences poétiques ?...
BERNARD.
Eh bien ! oui !... Mais pourquoi m'avez-vous joué un pareil tour?...
MADEMOISELLE SALLÉ.
D'abord, pour me venger... j'aime ça, moi, ça m'amuse... et puis, pour rendre hommage à la vérité... (*Lui donnant un petit coup d'éventail*) Vous êtes un faquin, mon cher... vous vous êtes vanté.
BERNARD.
Qui vous l'a dit ?
MADEMOISELLE SALLÉ.
Vos conquêtes elles-mêmes... (*Mouvement de Bernard.*) Oui, j'ai voulu savoir si vous étiez... mieux qu'un poète... j'ai vu les personnes compromises par vous... depuis la fière marquise, jusqu'à la petite paysanne de Noisy-le-Sec, en passant par la femme Jaspin et la Fanchon la revaudeuse...
BERNARD.
Eh bien?
MADEMOISELLE SALLÉ.
Eh bien !... toutes vous ont renié !... La marquise en se fâchant, la Jaspin en rougissant, Claudine en pleurant, et Fanchon... en riant.
BERNARD.
Ah ! oui-dà !... Ah ! elles m'ont renié !... Eh bien ! tant mieux !... Oh ! pour vous prouver que j'étais mieux qu'un poète, j'ai préparé !... c'est un tour pendable, affreux !...
MADEMOISELLE SALLÉ, *l'interrompant en riant.*
Mais mon Dieu ! vous tenez donc bien à ce qu'on vous croie heureux ?...
BERNARD, *avec feu.*
Si j'y tiens !... mais, vous le savez bien, en amour, on ne donne qu'aux riches... les femmes n'aiment que ceux-là que d'autres ont aimés... et je tiens au passé... pour l'avenir.
MADEMOISELLE SALLÉ, *surprenant sa pensée.*
L'avenir !... vous le rêvez donc bien beau ?
BERNARD.
Oh ! oh ! beau comme... (*Leurs regards se rencontrent, et il change de ton.*) Tenez, Sallé... tant que vous avez été pour moi douce et bonne, je vous ai été un ingrat... mais depuis que vous me détestez, depuis que vous êtes mon ennemie... c'est lâche, c'est honteux !... eh bien !... votre haine a fait mon amour !... Détestez-moi, poursuivez-moi d'une guerre impitoyable !... mais quand vous m'aurez désarmé, terrassé, quand vous me verrez là, à vos genoux... (*Il s'agenouille.*) tendez-moi la main et relevez le pauvre vaincu.
MADEMOISELLE SALLÉ, *à part, le regardant.*
Il est gentil comme ça !... (*Haut et avec douceur.*) Pas encore... Mais écoutez... je vous ai mis dans une position délicate... tirez-vous-en galamment, rouez de la bonne façon ces quatre femmes...
BERNARD, *à demi-voix.*
C'est déjà fait...
MADEMOISELLE SALLÉ, *continuant.*
Ces quatre maris...

BERNARD.
Ça se fera.
MADEMOISELLE SALLÉ.
Et je vous dirai... (*Lui tendant la main.*) Gentil-Bernard... relevez-vous.
BERNARD, *vivement.*
Vrai ?... (*Se relevant, avec résolution.*) Oh !... alors !... (*Il s'approche de la console et sonne.*)
MADEMOISELLE SALLÉ.
Que faites-vous ?...
CARLINE, *entrant.*
Mademoiselle a sonné ?...
BERNARD, *regardant mademoiselle Sallé.*
Dites à mon suisse d'ouvrir à qui se présentera à la porte de mon hôtel !
CARLINE, *étonnée.*
Je venais justement annoncer à mademoiselle qu'une dame est là, qui demande M. Gentil-Bernard.
MADEMOISELLE SALLÉ.
Que signifie ?...
BERNARD, *montrant une bourse vide.*
Voilà... point d'argent, point de suisse !... or, la bourse est vide... donc, votre suisse est à moi. (*A Carline.*) Et toi, petite, fais entrer dans mon boudoir.
MADEMOISELLE SALLÉ, *à Carline, étonnée.*
Obéissez !... (*Puis quand elle est sortie.*) Une dame ?...
BERNARD, *avec aplomb.*
Non... deux, trois, quatre !
MADEMOISELLE SALLÉ.
Chez moi ?...
BERNARD.
Non, chez moi !... Avant de venir, et pour répondre à votre lettre, j'ai écrit quatre billets, envoyé quatre cadeaux, donné quatre rendez-vous... (*Riant.*) Et vous allez voir le plus joli petit escadron !...
MADEMOISELLE SALLÉ.
Un escadron !... Mais me direz-vous ?...
BERNARD.
Air : *de la Péri.*
Non c'est là mon secret :
Je serai discret.
Je réponds du succès
De tous mes projets.
Rien ne doit m'arrêter !
Puis-je donc hésiter,
Quand le prix le plus doux
Est promis par vous !
ENSEMBLE *.
Non, c'est là, etc.
MADEMOISELLE SALLÉ.
Gardez votre secret
Et soyez discret...
De tous vos beaux projets
J'attends le succès.
Je ne puis en douter ;
A vous de mériter
Que l'on garde pour vous
Le prix le plus doux.

(*Bernard la fait sortir par la petite porte à droite reste un instant sur le seuil, regarde et disparaît à l'entrée de Claudine.*)

SCÈNE VII.
CLAUDINE, CARLINE.

CARLINE, *paraissant la première.*
Entrez, mademoiselle... mon maître va venir.
CLAUDINE, *vêtue en grande dame, portant une robe jaune pareille à celle de Sallé, et prenant de grands airs.*
C'est bien, c'est très-bien, petite... Petite, laisse-moi... (*Carline sort, en étouffant un éclat de rire.*) Oh ! Dieu ! que c'est donc beau !... et que je suis donc belle !... Seulement, j'ai une plume qui me fait loucher, un collier qui m'étrangle et un corset qui m'étouffe... Dieu ! si Jaillou me voyait dans cette maison et dans cette robe !.. (*Baissant la voix.*) Oui, mais, si je lui disais que cette maison est celle de M. Bernard, que cette robe est un cadeau de M. Bernard, et que je viens voir M. Bernard... y serait peut-être moins content... Allons, bon ! v'là que je marche sur la tapisserie !... Tiens ! y en a partout !... Ah ! que c'est donc douillet, que c'est donc douillet ! (*Elle marche dans tous les sens, en portant sa queue.*)

SCÈNE VIII.
CLAUDINE, FANCHON, CARLINE.

CARLINE, *en dehors.*
Oui, madame, entrez, c'est ici... mon maître va venir.

CLAUDINE, *effrayée, et gagnant la gauche.*
Une dame !...

FANCHON, *dont le costume est pareil à celui de Claudine.*
C'est bien, soubrette, c'est bien... je ne suis pas pressée.

CLAUDINE, *à part.*
Dieu ! une duchesse !

FANCHON, *à part, au fond.*
Vertuchou !... une marquise !

CLAUDINE, *à part, la regardant à la dérobée.*
Oh ! la fière duchesse !... Tiens ! elle a ma robe !...

FANCHON, *à part.*
Ayons un air... Œil-de-Bœuf... (*Faisant une grande révérence.*)
Madame...

CLAUDINE, *saluant en paysanne.*
Madame...

FANCHON, *à part.*
Tiens ! elle a ma robe ! (*Elles se regardent, également embarrassées.*)

CLAUDINE, *à part.*
Pour avoir une contenance... assisons-nous. (*Elle se dirige vers un fauteuil.*)

FANCHON, *qui est près d'un autre fauteuil.*
Elle va s'asseoir !... tiens ! tant pis ! je m'assis. (*Toutes deux se laissent tomber, en même temps, sur les fauteuils.*)

ENSEMBLE.
Ah !...

FANCHON.
Ah ! Dieu !... j'ai cru que j'enfonçais dans queuqu'chose !...

CLAUDINE.
C'est comme si l'on s'asseyait dans du beurre frais !...

FANCHON, *rebondissant sur le fauteuil.*
Ah ! que c'est drôle ! que c'est drôle !

CLAUDINE. (*Même jeu.*)
Ah ! que c'est donc gentil ! que c'est donc gentil !...

CARLINE, *en dehors, du côté gauche.*
Oui, madame, c'est ici...

LA MARQUISE, *en dehors, du côté droit.*
C'est bien, c'est bien, n'annoncez pas... (*La marquise et madame Jaspin paraissent en même temps, toutes deux en robe jaune, comme Fanchon et Claudine.*)

SCÈNE IX.
LES MÊMES, LA MARQUISE ET MADAME JASPIN.

LA MARQUISE ET MADAME JASPIN, *se trouvant en face l'une de l'autre.*
Ciel !

TOUTES.
Que vois-je !...

AIR : *Pendu, pendu.*
Ici, quoi ! toutes à la fois !...,
L'insolent veut, je crois,
Nous soumettre à ses lois !
Ah ! c'est infâme ! ah ! c'est affreux !
Oui, toutes, en ces lieux,
Nous sommes les jouets d'un complot odieux !
(*Elles font un mouvement pour sortir.*)

SCÈNE X.
LES MÊMES, BERNARD, *donnant la main à* MADEMOISELLE SALLÉ.

BERNARD.
Ne vous dérangez pas de grâce...

TOUTES, *reculant, frappées de surprise.*
Ah !...

BERNARD.
Mademoiselle manquait à la réunion.

TOUTES.
Une cinquième robe jaune !

MADEMOISELLE SALLÉ, *riant, malgré elle.*
Ha ! ha ! ha ! ha !... Pardon, pardon, mesdames... Ha ! ha ! ha ! ha !... Mais quel est ce nouveau régiment ?

BERNARD, *gaiement.*
Troupe légère de Gentil-Bernard !

LA MARQUISE, *exaspérée.*
Je ne resterai pas une minute de plus !... Mon carrosse !...

MADAME JASPIN, *de même.*
Ma chaise !...

CLAUDINE.
Mon âne !...

FANCHON.
Mes galoches ?...

BERNARD, *se mettant devant la porte.*
Oh ! de grâce !... pas encore !...

TOUTES, *à Bernard.*
Vous êtes un monstre !

BERNARD.
Eh bien ! oui... mais un monstre qui se repent... qui rétracte tout ce qu'il a dit.

CLAUDINE.
Ah ! s'il se détraque... (*Elles redescendent.*)

BERNARD, *se plaçant au milieu d'elles, et avec hypocrisie.*
AIR : *Rondeau des deux maîtresses.*
Vous, mes conquêtes !...
Vous des coquettes !
Il n'en est rien, telle est la vérité.
C'était un songe,
Un doux mensonge,
Que j'aurai pris pour la réalité.

MADAME JASPIN, *à la marquise.*
Vous voyez bien !...

BERNARD, *à madame Jaspin, avec douceur.*
J'avais rêvé, madame,
Que me prenant pour un sage vieillard,
Et trahissant le secret de votre âme,
Vous me disiez : J'aime Gentil-Bernard.

MADAME JASPIN.
Mais, c'est indigne !...

BERNARD, *d'un ton plus dégagé.*
Bonheur insigne !
Une autre fois, bercé par Cupidon,
Je rêve encore
Que l'on m'adore,
Et, cette fois, c'est la belle Fanchon.
(*Fanchon veut parler.*)

BERNARD.
Je m'en souviens... oh ! j'ai bonne mémoire !...
Dans ce doux rêve, où je reçus ta foi,
Sous un bosquet je te versais à boire,
Et tu riais, tu chantais avec moi.

FANCHON, *bas.*
Faites donc trêve...

BERNARD.
C'était un rêve !
Rêve charmant !... Puis, ce fut, à son tour,
La grâce exquise
D'une marquise
Qui m'enivra dans mes songes d'amour.

LA MARQUISE.
Prétendez-vous ?...

BERNARD, *avec respect.*
O rêve que j'adore !...
Je lui disais, surprenant son émoi :
Très-bas.
« Vois, sur ton sein, vois soupirer encore
« Ces deux témoins soulevés contre toi. »

LA MARQUISE.
Me compromettre !...

BERNARD, *gaiement.*
Par la fenêtre !...
Lors, je rêvai que l'on m'avait jeté,
Et que Claudine,
A la sourdine,
M'avait offert...

CLAUDINE.
Quoi ?

BERNARD.
L'hospitalité.
J'avais rêvé que, crédule et bonnasse,
Monsieur Jaspin, qui faisait le plaisant,
A la Bastille était mis à ma place...
Pendant que cheux lui je faisions l'paysan.
(*Les femmes font un mouvement pour répondre. Il continue.*)
Rêves aimables !
Mais trop coupables !
Je reconnais à présent mon erreur.
De la clémence ! }
De l'indulgence ! } (*bis*).
Il ne faut pas trop punir un rêveur.
(*On entend tout à coup le chœur suivant chanté par les quatre maris.*)

TOUS.
Chut !...

LES MARIS, *en dehors.*
AIR : *Vaudeville des couturières.*

Rien! rien! n'écoutons rien!
Son insolence
Exige une vengeance!
Rien! rien! n'écoutons rien!
De la punir nous avons le moyen!
MADEMOISELLE SALLÉ, *qui a entr'ouvert la porte.*
Les maris aussi!
LES FEMMES.
Quels maris?...
SALLÉ.
Les vôtres!
LES FEMMES, *épouvantées.*
Les nôtres!
Ici!...
(*A Bernard.*)
Nous trahir ainsi!
BERNARD.
Calmez cet effroi :
Je prends tout sur moi.
BERNARD ET LES FEMMES.
Chut! chut! { Ne disons / Ne dites } rien!
De la prudence!
Et surtout du silence!
Chut! chut! { Ne disons / Ne dites } rien :
De { vous / nous } sauver { nous avons / il connaît } le moyen.
LES MARIS, *en dehors.*
Rien! rien! n'écoutons rien! etc.
(*Sur le dernier vers du chœur, la porte s'ouvre et les maris paraissent au fond.*)

SCÈNE XI.

LES MÊMES, LES MARIS.

TOUS.
(*Suite de l'air.*)
Que vois-je?...
JAILLOU.
Ah! jarni!
Des femmes!...
BERNARD.
Les vôtres!
LES MARIS.
Les nôtres!
Ici!...
Nous traiter ainsi!...
BERNARD, *avec aplomb.*
Ah! vous frémissez!
Ah! vous rougissez!...
(*Les maris, furieux, veulent répliquer; il les arrête d'un geste.*)
Air précédent.
Certes, vous êtes
Des gens honnêtes,
De bons maris pour la docilité.
(*A Samuel et Jaspin.*)
Pour l'honneur...
(*A Latulipe et Jaillou.*)
Pour la tendresse...
Mais non, je crois, pour la fidélité.
JASPIN.
Que dites-vous?...
BERNARD, *d'un ton ferme.*
Que de la procureuse
Je vous ai vu trahir les intérêts;
Que des procès de Sallé la danseuse
Le procureur a payé tous les frais!
JASPIN, *effrayé.*
Pour Dieu! silence!...
MADAME JASPIN, *regardant son mari.*
Pareille offense!...
SAMUEL, *souriant.*
Un procureur, payer!... qui l'aurait cru?...
MADEMOISELLE SALLÉ, *à part.*
Je crois comprendre.
JAILLOU, *riant.*
Sensible et tendre,
Un procureur!... ça ne s'est jamais vu.
MADEMOISELLE SALLÉ, *à Jaillou.*
En me voyant, maladroite écuyère,
Tomber d'un âne, au beau milieu des champs,
Monsieur Jaillou voulut vendre sa terre,
Pour m'acheter perles et diamants.
JAILLOU.
Comme c'est traître!
Faire connaître
La seule erreur d'un cœur sentimental!
CLAUDINE, *à Jaillou.*
C'est effroyable!
Épouvantable!
SAMUEL, *riant.*
Rien, selon moi, rien n'est plus immoral.
BERNARD, *allant à lui.*
Faut-il parler d'un financier moins sage,
Qui, de sa femme oubliant les vertus,
A la danseuse, après son mariage,
Pour un baiser offrait vingt mille écus!...
LA MARQUISE.
O ciel! qu'entends-je!...
SAMUEL, *bas.*
Si je me venge,
Tremblez, Bernard!...
BERNARD, *lui tournant le dos.*
Je ne tremble jamais.
LATULIPE, *riant.*
C'est à merveille!
Prêtons l'oreille!
C'est amusant!...
MADEMOISELLE SALLÉ, *allant à lui.*
Ah! je vous oubliais...
Un vieux jaloux qui se vengeait peut-être,
S'était jeté sur mon carrosse, un soir :
Vient un soldat, qui me sauve... et le traître
Ose exiger la clef de mon boudoir !...
LATULIPE, *à Fanchon indignée.*
Ma douce amie!...
TOUS.
Quelle infamie!...
BERNARD.
De pareils tours!...
(*Les rassemblant autour de lui.*)
Convenez, entre nous,
Qu'ils sont infâmes,
Et que vos femmes
N'auraient pas tort de faire comme vous.
LES MARIS, *effrayés.*
Non! non!... (*Ils implorent leurs femmes.*)
SAMUEL.
Grâce, marquise!...
LA MARQUISE.
Je pardonne... mais pour une fois!
MADAME JASPIN, *à son mari.*
Je pardonne... (*A part.*) mais je n'oublierai pas!
FANCHON, *à Latulipe.*
Je pardonne... (*A part.*) mais je me vengerai!
CLAUDINE, *à Jaillou.*
Je pardonne... (*A part.*) mais tu me le payeras!
(*Les maris et les femmes sont remontés : Bernard et mademoiselle Sallé se trouvent isolés sur l'avant-scène.*)
MADEMOISELLE SALLÉ, *bas.*
C'est bien!... vous êtes un grand petit homme!
BERNARD.
Et mon *Art d'aimer* paraîtra bientôt!
MADEMOISELLE SALLÉ, *avec intention.*
N'en êtes-vous pas au dernier chant?...
BERNARD, *à part en la regardant.*
L'Art d'aimer paraîtra demain.

CHOEUR.

Air : *Quadrille du Petit Poucet.*

Entre nous
Plus de querelle!
Et que chacun renouvelle
Le serment d'être fidèle :
C'est l'art d'aimer des époux.

BERNARD, *au public.*

Air : *De Paris et le Village.*

Pour compléter mon poëme amoureux,
Je n'ai consulté que des femmes...
Quand je poursuis un succès... plus douteux,
A vous je m'adresse, mesdames.
Vous, qui savez et séduire et charmer,
Votre secret m'est nécessaire...
(*Montrant les quatre femmes.*)
Elles m'ont appris l'art d'aimer,
Daignez m'enseigner l'art de plaire.
Je ne connais que l'art d'aimer,
Daignez m'apprendre l'art de plaire.
Reprise du chœur.

Paris. — Typ. Morris et Comp., rue Amelot, 64.

www.ingramcontent.com/pod-product-compliance
Lightning Source LLC
Chambersburg PA
CBHW060625050426
42451CB00012B/2441